Inhalt

Einleitung 4

I. Standpunkte ohne biblisches Fundament 8
   1. Der begeisterte Standpunkt 8
   2. Der verteufelnde Standpunkt 10
   3. Der pragmatische Standpunkt 12
   4. Der resignierende Standpunkt 13
   5. Der gesetzliche Standpunkt 15
   6. Der unverbindliche Standpunkt 16

II. Die Vielschichtigkeit des Mediums Internet 21
   1. Die „roten Bereiche" 23
   2. Die „belanglose Ebene" 33
   3. Der „grüne Bereich" 40

III. Handlungsempfehlungen für christliche Familien 51
   1. Die gesunde innere Einstellung: Nur Werkzeuge! 51
   2. Das wichtigste Prinzip: Als Familie gemeinsam! 62
   3. Zusammenfassung und Ausblick: Der geistliche Kampf 67

Einleitung

„Diese [d. h. die Jünger des Herrn Jesus Christus] *sind **in** der Welt* ... Ich bitte nicht, dass du sie aus der Welt wegnehmest, sondern dass du sie bewahrest vor dem Bösen. Sie *sind nicht **von** der Welt*, wie ich nicht von der Welt bin" (Joh 17,11.15.16).

Die beiden Tatsachen, die der Herr Jesus in diesem bekannten Gebet anspricht – nämlich dass wir als seine Jünger einerseits in diese Welt gestellt, andererseits aber wesensmäßig von ihr getrennt sind –, lassen uns immer in einem gewissen Spannungsfeld leben. Wir sollen nicht aus dieser Welt hinausgehen (in ein Kloster oder auf eine einsame „christliche" Insel), sondern wir sollen mit den Dingen dieser Welt umzugehen lernen, ohne uns von ihnen vereinnahmen oder zum Schlechten beeinflussen zu lassen. Der Ausdruck „Welt" bezeichnet in diesem Zusammenhang die Gesellschaft, in der wir leben, mit ihrer Kultur, ihrem Zeitgeist und ihren Lebensprinzipien.

Nun wird unsere heutige Gesellschaft nicht von ungefähr als Mediengesellschaft bezeichnet. Die Medien prägen unseren Alltag. Über die Medien läuft ein Großteil unserer Kommunikation ab, über die Medien beschaffen wir uns unsere Informationen, wickeln Geschäfte ab und lassen uns unterhalten. Die Medien erzeugen Stimmungen und Meinungen, und nicht wenige sind überzeugt, dass die großen politischen Wahlen heute im Wesentlichen durch die Medien entschieden werden.

Seit der Verbreitung des Internets Ende der 1990'er Jahre hat sich das gesamte gesellschaftliche Leben rasant verändert. Deshalb sprechen viele von einer digitalen Revolution, die das jetzige Zeitalter zu einem Informationszeitalter macht. Die digitale Vernetzung der Welt ist in ungeheurem Ausmaß in unser Denken, unsere Familien, unsere Kinderzimmer, in Schulen, Kindergärten und das öffentliche Leben eingedrungen. Die Flut an Daten, Informationen, Bildern, Videos, Werbung und Musik führt zu einer permanenten Reizüberflutung, die uns schon als Erwachsene überfordert und überschwemmt. Junge Menschen wachsen als sogenannte „digitale Eingeborene" (englisch: *„digital natives"*) darin auf und gehen völlig unbefangen mit modernen Medien um, während viele Ältere sich damit überfordert fühlen.

Da wir in diese Mediengesellschaft hineingestellt sind, ist es unabdingbar, dass wir als Christen, die dem Herrn Jesus treu nachfolgen möchten, eine klare Haltung zum Umgang mit den Medien einnehmen. Einen fundierten Standpunkt dazu zu finden, ist jedoch durchaus eine herausfordernde Aufgabe. Schnelle und oberflächliche Antworten helfen da nicht weiter. Wir müssen vielmehr daran arbeiten, dass wir *die* wesentliche Kompetenz besitzen, die ein Christ haben muss, um in einer weitgehend gottlosen Gesellschaft zu bestehen:

„Und seid nicht gleichförmig dieser Welt, sondern werdet verwandelt durch die Erneuerung eures Sinnes, dass ihr *prüfen* mögt, was der gute und wohlgefällige und vollkommene Wille Gottes ist" (Röm 12,2).

Schon zur Zeit Israels im Alten Testament gab es immer wieder Männer, die unter den jeweils besonderen Zeitumständen wussten, was zu tun war (vgl. z. Bsp. 1Chr 12,33). Das ist ein gutes Vorbild für uns. Christen sollten geübte Prüfer sein! Dazu ist nichts weniger nötig als *Weisheit*, das heißt die Fähigkeit (und die Bereitschaft), im praktischen Leben gute und verantwortbare Entscheidungen zu treffen. Diese Weisheit fällt uns nicht in den Schoß, aber wir dürfen sie erbitten (Jak 1,5) und dürfen mit zunehmender Erfahrung darin wachsen (Heb 5,14: „… infolge der Gewöhnung geübte Sinne haben zur Unterscheidung des Guten sowohl als auch des Bösen"). „Geübte Sinne" – das ist gerade etwas, was Kinder und Jugendliche naturgemäß noch zu wenig haben. Daher ist es wichtig und nötig, dass Eltern und Verantwortliche die Kinder und Jugendlichen im Umgang mit den Medien keinesfalls alleinlassen, sondern sie darin ganz sorgfältig anleiten und begleiten.

Wie schon erwähnt: Schnelle und oberflächliche Antworten sind kein Ausdruck von Weisheit und von sorgfältiger Prüfung. So wollen wir uns zunächst ein paar Standpunkte ansehen, die man immer wieder antrifft, die aber uns als Christen in unserer komplexen Medienwelt *nicht* weiterhelfen.

I. Standpunkte ohne biblisches Fundament

1. Der begeisterte Standpunkt

Die modernen Medien können eine starke Faszination auf den Menschen ausüben. Ist es nicht atemberaubend, welche neuen Möglichkeiten in den letzten Jahrzehnten durch Digitalisierung und Vernetzung entstanden sind? Informationen zu allen Themengebieten scheinen jederzeit auf Mausklick verfügbar zu sein – Google und Wikipedia sei Dank –, und auch die Kommunikationskanäle haben sich vervielfacht und enorm beschleunigt: Handy, E-Mail, Facebook und WhatsApp machen's möglich.

Wenn die Menschen solche Errungenschaften feiern, muss der Christ nicht alles schlechtreden. Aber er stimmt auch nicht unkritisch in das Lied der Begeisterung ein, sondern er bleibt nüchtern und wägt Vor- und Nachteile der neuen Möglichkeiten sorgfältig ab. Er sieht die gesellschaftliche Entwicklung immer mit einer kritischen Distanz und denkt prüfend darüber nach.

Sind die Menschen nicht auch wieder einmal dabei, durch gemeinsame Anstrengung (weltweite Vernetzung) ihrem uralten Traum nachzujagen? Sind die neuen Medien nicht auch deshalb so faszinierend, weil sie dem Menschen ein *Gefühl* geben von:

- Allwissenheit (man kann ja alles „googeln");
- Allgegenwart (man ist ja immer und überall erreichbar und per sozialem Netzwerk, Webcams u.a. überall mit dabei);
- Allmacht (man kann überall mitreden und sich in virtuellen Welten jederzeit eine neue Identität schaffen: Auf Mausklick macht man sich zum Präsidenten, zum Fußballmanager, der nach Belieben über Millionen verfügt, zum Superhelden oder sogar – das ist keine Übertreibung, sondern wird wirklich „gespielt" – zu Gott!).

Aber wie sieht es mit den Zielen aus, die Gott für unser Leben hat: dass wir seinem Sohn ähnlicher werden; dass wir erfüllt werden mit der Erkenntnis seines Willens; dass wir ein Leben des Glaubens und der Heiligkeit führen? Helfen uns die Medien, in diesen Dingen Fortschritte zu machen? Wenn nein, dann besteht zumindest kein Grund für uns, den begeisterten Standpunkt einzunehmen!

2. Der verteufelnde Standpunkt

Auch das andere Extrem, die Medien als solche radikal abzulehnen, ist nicht passend für einen Christen, der gelernt hat, alles nüchtern zu prüfen. Natürlich sollen wir nicht blind dafür sein, dass die modernen Medien auch viel Gutes gebracht haben: Computer nehmen uns viele Routinearbeiten ab; sie erleichtern das Erstellen und Korrigieren wie auch das Verbreiten von Texten; sie steuern Maschinen mit größter Präzision, ja sogar komplizierte medizinische Operationen – vieles davon dürfen wir sicher als Segen annehmen.

Und gerade die *aktive* Nutzung der modernen Medien bietet auch uns als Christen neue Möglichkeiten. Via Internet und moderne Kommunikationskanäle können wir zum Beispiel das Evangelium in Länder transportieren, die ansonsten keine christliche Verkündigung erlauben. Oder wir können – durch verschlüsselte Datenübertragung – den Kontakt zu Christen und Missionaren halten, die in den betreffenden Ländern im Verborgenen arbeiten müssen. Generell sollten wir zwischen aktiver und passiver Mediennutzung unterscheiden. Beim aktiven Gebrauch nutzen wir die Medien als Werkzeuge. Sie helfen uns, bestimmte Ziele zu erreichen – und das können auch Ziele im Reich Gottes sein.

Problematischer ist die *passive* Mediennutzung. Dabei passiert es leicht, dass die Medien etwas mit uns machen statt umgekehrt. Wie das im Einzelnen geschieht, werden wir uns später genauer ansehen.

Doch nur die Unterscheidung in „aktive Mediennutzung = nützlich" und „passive Mediennutzung = schädlich" wäre wiederum zu oberflächlich.

Denn ist man beim Spielen von Online-Rollenspielen oder beim Teilnehmen an einer WhatsApp-Gruppe eigentlich aktiv oder passiv? Auf den ersten Blick aktiv! Darauf beruht gerade ein Teil der Faszination der modernen Medien. Man ist scheinbar ständig aktiv, man gehört dazu oder ist der „Macher" in der virtuellen Welt. Aber was hat das alles für einen Wert? Wie viel Lebenszeit junger Menschen wird durch solche scheinbaren „Aktivitäten" sinnlos ausradiert!

Doch zurück zur aktiven Mediennutzung. Hier wäre der verteufelnde Standpunkt für uns als christliche Familien schon deshalb unverantwortlich, weil unsere Kinder im Berufsleben gar nicht an der Mediennutzung vorbeikommen können.

Das Internet ist mittlerweile zu einem nicht mehr wegzudenkenden Bestandteil der Arbeitswelt und der Verwaltung geworden. Firmen vernetzen sich weltweit über das Internet, um Daten, Informationen und geschäftliche Transaktionen auszutauschen. Finanz- und Geldströme fließen innerhalb von Sekunden in elektronischer Form um die Welt. Genauso ist das Internet zunehmend der Weg, auf dem der Bürger einen digitalen „Besuch" auf dem Rathaus oder beim Finanzamt macht, seine Steuererklärung elektronisch übermittelt und den Bescheid dann wieder über das Internet abholt. Büroarbeitsplätze sind nicht mehr ohne Computer und Anbindung an das Internet vorstellbar. Die Vernetzung reicht direkt bis an die einzelnen Maschinen und Roboter in der Fabrik. Die Flut an Daten, die gemessen und verarbeitet wird, nimmt ständig zu. Die Kommunikation in der Geschäftswelt verläuft neben Email über die sogenannte Internet-Telefonie, wo zum Beispiel Besprechungen mit mehreren Teilnehmern über Länder und Kontinente hinweg online stattfinden können.

Bei alldem ist der Büro- oder Fabrikalltag nicht leichter geworden – im Gegenteil: Alles muss um ein Vielfaches schneller und „produktiver" verlaufen; wer heute etwas im Internet bestellt, erwartet schon fast, dass die Lieferung am nächsten Morgen bei ihm zu Hause ankommt. Produkte oder wichtige Ersatzteile müssen innerhalb von 24 Stunden in jeden Winkel der Welt transportiert werden, denn Zeit ist Geld.

Diese Arbeitswelt werden unsere Kinder eines Tages erfahren, wenn sie einen Beruf erlernen und ausüben. Insofern ist es wichtig, dass wir unsere Kinder nicht total davon abschotten, sondern sie in der richtigen Weise darauf vorbereiten.

3. Der pragmatische Standpunkt

Ein „moderner, aufgeklärter" Christ will sich natürlich vor beiden Extremen hüten: Er will die Medien weder verherrlichen noch verteufeln. Er wählt den „goldenen Mittelweg", wie er meint. Und das ist in der heutigen Zeit im Denken vieler Menschen, und leider auch vieler Christen, der Ansatz des Pragmatismus. Das heißt: Ich nutze die Medien überall dort, wo sie mir nützlich erscheinen und mir Vorteile oder Erleichterung verschaffen. Dabei versuche ich, alles das zu meiden, was offensichtlich unmoralisch ist oder mir unmittelbar schadet (wie Viren oder Missbrauch meiner Daten). Viele Internetratgeber (Bücher, Vorträge) beschränken sich daher darauf, vor diesen unmittelbaren Gefahren zu warnen.

Aber geht dieser pragmatische Standpunkt wirklich weit genug für uns als Christen? Wilfried Plock hat ein Buch geschrieben mit dem Titel *Gott ist nicht pragmatisch*. Auch wenn es in seinem Buch um ein anderes

Thema geht (nämlich um pragmatische Überlegungen im Gemeindeleben), sollte uns der Titel doch auch im Zusammenhang mit unserem Thema eine Mahnung sein.

Dazu ein Beispiel. Jemand hat einmal gefragt: Ist das Fernsehen nur deshalb ein schlechtes Medium, weil es hin und wieder unmoralische Dinge zeigt? Was wäre eigentlich, wenn 24 Stunden ununterbrochen christliche Inhalte gezeigt würden: erbauliche Predigten, guter Chorgesang, Missionsberichte usw.? Wie würden wir dann mit diesem Medium umgehen? Dieses erdachte Beispiel zeigt uns, dass es nicht ausreicht, uns nur vor den schädlichen *Inhalten* zu hüten. Wir müssen auch das Medium *als solches* kritisch betrachten. Und das gilt für das Internet wie auch für das „allgegenwärtige" Smartphone in gleicher Weise (ohne in das genannte Extrem zu verfallen, die Medien zu verteufeln).

Bei dieser nüchternen Einschätzung helfen uns die Forschungsergebnisse, die zum Beispiel die bekannten Hirnforscher Prof. Manfred Spitzer und Prof. Gerald Hüther in den letzten Jahren veröffentlicht haben. Gerade die Bücher von Prof. Spitzer (wie *Vorsicht, Bildschirm!* oder *Digitale Demenz*) kann man nur jedem empfehlen, der ernsthaft prüfen möchte, was die digitalen Medien aus uns und unseren Kindern machen und wie sie uns Menschen und unser Gehirn verändern.

4. Der resignierende Standpunkt

Ein Problem, das der älteren Generation teilweise zu schaffen macht, ist die rasante Entwicklung in der Medienlandschaft, mit der wir oft kaum Schritt halten können, während unsere Jugend wie selbstverständlich damit umgeht. Das hat bei so manchen Eltern eine Haltung der Resignation ausgelöst: „Wir durchschauen das alles nicht wirklich. Aber unsere Kinder brauchen das Internet für die Schule, sie müssen im späteren Berufsleben damit umgehen, die Jugendlichen kommunizieren fast nur noch über diese Medien. Also hat auch unser Kind einen Internetanschluss und ein eigenes Smartphone. Uns ist zwar nicht wohl dabei, aber das ist nun einmal unsere Zeit."

Bei einer Informationsveranstaltung von jugendschutz.net fragte die Referentin einmal alle anwesenden Eltern, in welchen sozialen Netzwerken sich ihre Kinder bewegten und welche persönlichen Angaben sie dort gemacht hätten. Nur zwei der anwesenden sechzig Eltern konnten die Fragen beantworten. Viele Eltern klinken sich aus den Online-Aktivitäten ihrer Kinder aus, vielleicht weil das alles eine fremde Welt für uns Erwachsene ist. Auch in christlichen Familien sieht es leider oft nicht anders aus. Aber das ist ein verhängnisvoller Fehler! In vielen alltäglichen Bereichen ist es uns wichtig, unsere Kinder und Jugendlichen vor Gefahren zu schützen (im Straßenverkehr, bei Warnungen vor Unwetter oder Infektionskrankheiten). Sollten wir sie da wirklich ohne Schutz in den Dschungel der digitalen Welten lassen?

Nein, Resignation darf christliche Eltern an dieser Stelle nicht lähmen. So mühsam das auch ist, wir müssen uns mit den aktuellen Entwicklungen im Medienbereich beschäftigen, mindestens um der Kinder und Jugendlichen willen. Zur Erinnerung: Christen müssen „Prüfer" sein (1Thess 5,21: „Prüft aber alles")! Und wir sollten das möglichst gemeinsam mit unseren Kindern tun: Vielleicht können sie uns ganz gut erklären, wie die WhatsApp-Kommunikation unter ihren Klassenkameraden abläuft. Sind wir zu stolz, um uns von den eigenen Kindern etwas zeigen zu lassen? Dafür können wir ihnen erklären, wie man als Christ sorgfältig abwägt und prüft und nicht gedankenlos mit dem Strom schwimmt. Anstatt einen Keil zwischen den Generationen zuzulassen (die Jungen leben in der Medienwelt und die Alten haben keine Ahnung), sollten wir das Medienthema als Gelegenheit sehen für das offene Miteinander innerhalb der Familie. Ist es nicht ein gutes Übungsfeld, um zu lernen, wie man biblische Prinzipien auf konkrete aktuelle Lebenssituationen anwenden kann?

5. Der gesetzliche Standpunkt

In gewisser Hinsicht ist der gesetzliche Standpunkt der Gegenpol zum resignierenden. Die Motivation dahinter ist allerdings vielfach die gleiche: Da sind Eltern, denen die neuen Medien Unbehagen bereiten, die aber nicht wirklich den Durchblick haben. Die einen Eltern reagieren darauf mit Resignation und lassen mehr oder weniger unkontrolliert alles zu; die anderen versuchen, mit Verboten und straffen Regeln ihre Kinder möglichst von den Medien fernzuhalten. In beiden Fällen fehlt der offene und konstruktive Austausch in den Familien. In beiden Fällen wird die Chance verpasst, die wichtige christliche Kompetenz des sorgfältigen Prüfens anhand biblischer Prinzipien mit den Kindern einzuüben.

Der gesetzliche Ansatz führt zu mindestens zwei Problemen:
- Bei den jungen Leuten entwickelt sich keine „Medienkompetenz". Sie werden nicht darauf vorbereitet, als junge Erwachsene, wenn sie ohne die elterliche Aufsicht auf sich allein gestellt sind, in verantwortlicher Weise mit den Medien umzugehen.

- Nicht selten wird durch radikale Verbote, besonders wenn sie nicht gut begründet werden, erst recht die Neugier geweckt. Das „Versäumte" wird dann bei jeder erstbesten Gelegenheit nachgeholt (bei einem Klassenkameraden zu Hause, auf dem Schulweg mittels der überall verfügbaren mobilen Geräte oder sogar im Computerraum der Schule, wo der Lehrer einen Moment lang nicht aufpasst, was die Schüler gerade im Internet machen).

Gesetzliche Regelungen haben oft etwas Willkürliches an sich und reichen auch nicht aus. Typische Beispiele: „Nur maximal eine Stunde Internet am Tag." – „Erst im Alter von sechzehn das erste eigene Smartphone." Das mögen im Einzelfall sinnvolle Empfehlungen sein, aber sie taugen keinesfalls zur Verallgemeinerung. Sie lassen sich weder aus biblischen Prinzipien herleiten noch bieten sie wirksamen Schutz! Auch in *einer* Stunde kann man sehr viel Schädliches sehen und auch mit sechzehn Jahren (manchmal sogar gerade dann!) kann man noch sehr gefährdet sein für negative Einflüsse. Was Eltern und Verantwortliche anstreben müssen, ist, dass bei den Kindern sowohl das Unterscheidungsvermögen als auch eigene geistliche Überzeugungen wachsen (wie bei dem jungen Daniel, der sich in *seinem Herzen* vornahm, sich nicht zu verunreinigen; siehe Dan 1,8). Diese Haltung erreichen wir nicht durch Gesetzlichkeit. Wenn sie andererseits erreicht ist, dann sind gesetzliche Regelungen überflüssig.

6. *Der unverbindliche Standpunkt*

Beim gesetzlichen Standpunkt gibt es starre Regeln, aber es fehlt die inhaltliche Auseinandersetzung mit dem Thema. Man bekommt ein Verbot auferlegt, *ohne Einsicht* zu haben, was das Schlechte oder Schädliche an der betreffenden Sache ist. Bei einem weiteren, heute verbreiteten Ansatz ist es genau umgekehrt: Da versucht man, über Gefahren und Probleme aufzuklären, *ohne* dass daraus *Handlungsanweisungen* abgeleitet werden.

Das passt zu unserer Zeit der Talkshows und Internetforen. Da kann man sich stundenlang über ein Thema austauschen – man hört Meinung und Gegenmeinung, Argumente und Gegenargumente –, ohne dass am Ende ein konkretes Ergebnis dabei herauskommt. Man geht ohne konkrete und vor allem nützliche Handlungsempfehlungen auseinander. So glauben manche, es würde reichen, wenn man Kinder und Jugendliche über die Vor- und Nachteile der modernen Medien ausreichend informiert und sie vor bestimmten Gefahren warnt. Dahinter steckt letzten Endes der Kerngedanke der Aufklärung, dass der Mensch sich durch seinen Verstand selbst steuern kann. Aber ist nicht längst erwiesen, dass dieser Ansatz ins Leere läuft? Sprechen die erfolglosen Kampagnen gegen das Rauchen oder gegen den Alkoholmissbrauch von Jugendlichen nicht eine deutliche Sprache? Informationen und Aufklärung alleine reichen nicht aus. Es müssen tatsächlich Verbote und verbindliche Regeln hinzukommen (nur nicht auf eine gesetzliche Weise, bei der die sorgfältige Begründung fehlt).

Als in den 1950er bis 60er Jahren das Fernsehen zum Massenmedium wurde, erkannten viele bibeltreue Christen recht bald die Gefahren, die von diesem Medium ausgingen. In vielen Gemeinden herrschte ziemliche Einigkeit darüber, wie das Medium zu beurteilen war. Aus dieser Bewertung wurden *konkrete Handlungsempfehlungen* abgeleitet. Der unverbindliche Standpunkt, der für unsere Tage so typisch ist („Es gibt die und die Gefahren, aber jeder muss selbst entscheiden, wie er damit umgeht"), war damals noch nicht so verbreitet. Von den neuen Medien (Internet, Smartphone) haben sich die bibeltreuen Gemeinden dagegen überrumpeln lassen. Erst hat man zu lange gezögert, sich aus biblischer Sicht mit den neuen Entwicklungen auseinanderzusetzen. Und dann, als Internet und Smartphones längst Einzug in die Familien gehalten hatten, hat man sich nicht mehr – wie einst beim Fernsehen – zu konkreten Handlungsempfehlungen durchringen können.

So sucht nun jede Familie für sich einen individuellen Weg, irgendwie mit diesem Thema umzugehen, weil in den Gemeinden verbindliche biblisch begründete Leitlinien fehlen. Das ist keine gute Entwicklung. Individualismus und Unverbindlichkeit sind zwar Kennzeichen unserer Zeit, aber durchaus nicht Kennzeichen der christlichen Gemeinde nach biblischem Maßstab! Die Hirten im Volk

Gottes sind dringend gefragt, sich des Medienthemas anzunehmen und den Gemeindegliedern konkrete Orientierungshilfen zu geben.

Nebenbei bemerkt: Mehr und mehr dringen inzwischen auch die Fernsehgeräte in die christlichen Familien ein. Das ist eigentlich nur folgerichtig, denn aus welchem Grund sollte man das Fernsehen noch ablehnen, wenn man andererseits mit dem neuen Medium Internet sehr freizügig umgeht? Das Internet bietet ja ein Vielfaches von dem Schmutz und von den Gefahren, die in den Fernsehprogrammen enthalten sind (und über das Internet kann man längst auch die Fernsehprogramme anschauen[1])! – War also die vorige Generation in den bibeltreuen Gemeinden, die sich gegen das Fernsehen entschied, zu eng und zu gesetzlich? Oder sind wir, die „Generation Internet", schuld daran, dass durch unsere Leichtfertigkeit nun langsam alle Dämme brechen und die Medienflut doch in die Familien hineinschwappt?

Der Mauerbau zur Zeit Nehemias zeigt uns vorbildhaft, dass wir nur gemeinsam ein Bollwerk gegen die Einflüsse unserer Zeit bilden können. Jeder muss bei seinem Haus anfangen, so wie es die Israeliten damals taten. Aber wenn alles unverbindlich und beliebig bleibt, wenn die Glaubensgeschwister in den Gemeinden nicht eine gemeinsame, biblisch begründete Haltung zu den Medien entwickeln, dann wird kein wirksames Bollwerk entstehen.

---

[1] Die Entwicklung geht längst in die Richtung, dass Fernsehen und Internet zu einem Medium verschmelzen. Immer mehr Serienprogramme werden mit großem Aufwand entwickelt und über die neuen Plattformen weltweit auf Abruf zur Verfügung gestellt; das stellt einen gigantischen kommerziellen Markt dar. Diese Serien werden immer realistischer und hochauflösender bis hin zu 3D-Technologie mit entsprechenden Abspielgeräten. Dabei sind die Inhalte dieser Serien mit mehr und mehr Gewalt, Sex, Kriminalität und auch Magie, Okkultismus und Horror angefüllt. Das zieht Massen in den Bann. Durch geschickte Tricks werden die Zuschauer regelrecht abhängig gemacht. In jede Folge wird ein offener Schluss mit überraschenden Wendungen eingebaut, der die Zuschauer begierig auf die nächste Folge warten lässt.

II. Die Vielschichtigkeit des Mediums Internet

Bis hierhin haben wir uns mit einer Reihe von Standpunkten beschäftigt, die sich letztlich als untauglich erweisen, um uns als Christen und besonders unseren Kindern einen gangbaren Weg durch den Medien-Dschungel zu weisen. Das Internet als Medium ist einfach zu vielschichtig, um sich im Umgang damit schnell und einfach orientieren zu können. Das folgende Schema ist der Versuch, diese Vielschichtigkeit wenigstens ansatzweise sichtbar zu machen:

Spezialistenebene / Wissenschaftliche Ebene
Ebene der Spezialgebiete
Alltagsebene (für Erwachsene)
Alltagsebene (jugendtauglich)
Belanglose Ebene
Schädliche Ebene (nach christlichem Maßstab)
Belanglose Ebene (unmäßig genutzt) → Suchtgefahr
Weitere Gefahrenzonen
Unmoralische Ebene (nach weltlichem Maßstab)
Kriminelle Ebene

Leider präsentiert sich das Internet in der Realität gerade nicht in dieser übersichtlichen Struktur. Das ist eben eines der Hauptprobleme. Keine Internetseite trägt ein Etikett, in welche der obigen Kategorien sie gehört. Die Entfernung von sehr guten, hilfreichen Seiten bis zu äußerst negativen und gefährlichen Seiten beträgt oft nur einen Klick. Die Grenzen sind manchmal fließend und die Meinungen, wo genau die gefährlichen Zonen beginnen, gehen stark auseinander.

Dass es im Internet Bereiche gibt, vor denen man sich hüten muss, ist in unserer Gesellschaft unbestritten. Eine ganze Reihe von Institutionen ist damit beschäftigt, die Menschen vor diesen Gefahren zu warnen oder ihnen Vorsichts- und Schutzmaßnahmen zu empfehlen. Da gibt es eigens eingerichtete Beratungsprojekte wie klicksafe.de; da engagieren sich Jugendschutz-, Verbraucherschutz- und Datenschutzorganisationen. Und selbst die Polizei veranstaltet zum Beispiel Informationsabende an Schulen, um vor den Gefahren im Netz zu warnen. Auch von wissenschaftlicher Seite werden Risiken und negative Folgen des Medienkonsums aufgezeigt, zum Beispiel aus dem Bereich der Hirnforschung. Sicher können wir viele Empfehlungen dieser verschiedenen Ratgeber übernehmen und beherzigen. Als Christen müssen wir allerdings wissen, dass alle diese Ratschläge und Warnungen nicht weit genug gehen. Wir müssen immer wieder den *für uns entscheidenden* Maßstab anlegen, und das ist das Wort Gottes.

Das heißt zum Beispiel konkret: Es gibt eine Ebene (im Schema in Orange unmittelbar unter der belanglosen Ebene abgebildet), die aus der Sicht der meisten weltlichen Ratgeber nicht in die Kategorie „gefährlich" gehört, aus christlicher Sicht jedoch sehr wohl. Das liegt daran, dass in unserer Gesellschaft mittlerweile ein anderes Wertesystem vorherrscht als die biblischen Maßstäbe. Ein paar Beispiele: die positive Darstellung „anderer sexueller Orientierungen", die Verharmlosung von Rollenspielen mit okkulten Inhalten (auf dem Niveau von *Harry Potter*) oder der Zugang zu gottlosen Jugendzeitschriften wie „*Bravo*". Wahrscheinlich wird kaum einer der weltlichen Ratgeber vor solchen Internetseiten warnen, und auch die meisten Webfilter (das sind Schutzprogramme, die den Zugang zu gefährlichen Seiten verhindern) werden nicht alle diese Seiten sperren. Und noch etwas: Selbst „christliche" Internetseiten können zu den Problemzonen gehören, wenn sie eine Art von Christsein propagieren, die nicht mit biblischen Prinzipien in Einklang ist, Jugendlichen aber attraktiv erscheint.

Die Beispiele sollen uns zeigen, dass es nicht genügt, wenn wir uns an den „üblichen" Empfehlungen des Jugendschutzes orientieren. Immerhin sind solche Empfehlungen jedoch nützlich, um zumindest vor den „roten Bereichen" (das sind die unteren vier Ebenen im obigen Schema) gewarnt zu sein. Einige dieser Hinweise wollen wir uns nun im Folgenden ansehen.[2]

1. Die „roten Bereiche"

Schlaglichtartig ein paar Stichworte, Daten und Fakten zu den offensichtlichen Gefahrenbereichen im Internet:

- Rechtsverstöße, Kostenfallen
- Ausspähen von Zugangsdaten, Ausspähen über die Webcam

---

[2] Die aufgeführten statistischen Daten sind verschiedenen Publikationen des hessischen Jugendmedienschutzbeauftragten Günter Steppich entnommen (siehe http://www.medien-sicher.de/).

- Jugendgefährdende Inhalte wie Extremismus, Gewalt, sexuelle Übergriffe, Pornographie, Pädophilie, Foren zur Verherrlichung der Magersucht (häufigste Todesursache bei Frauen unter 25), Selbstmordforen
- Cybermobbing (15-Jährige mobben per Internet oft wesentlich weitreichender als im zivilen Leben)
- Schadsoftware (Viren, Trojaner usw.)
- Übermäßiger Konsum bis hin zur Sucht, Schulversagen, Bewegungsmangel
- Verlust der Privatsphäre
- Im Internet wird, auch weil man den Eindruck hat, mehr Distanz zu haben, noch mehr gelogen und betrogen als in der realen Welt, und man benimmt sich hier auch öfter daneben.

Konkrete Daten in Bezug auf Jugendliche im Netz:

- 80 Prozent der 12- bis 19-Jährigen haben bereits unangenehme Medienerfahrung gemacht.
- 40 Prozent wurden nach persönlichen Daten gefragt.
- 38 Prozent wurden sexuell angesprochen.
- 33 Prozent haben Online-Mobbing erlebt.
- 22 Prozent haben Happy Slapping (gefilmte Prügelattacken) gesehen.
- 15 Prozent wurden online abgezockt.
- 11 Prozent haben Nacktfotos erhalten.
- 8 Prozent haben Gewalt- und Pornofilme erhalten.

Kontaktanbahnungen mit sexuellen Absichten ereignen sich vor allem auf Chatseiten von Kindern, wo sich scharenweise Pädophile tummeln.

Verschärft wird das Problem durch Folgendes:

- Nur 8 Prozent der Kinder erzählen ihren Eltern von den Problemen im Internet.
- Gleichzeitig sind 80 Prozent der Eltern fälschlicherweise der Meinung, dass ihre Kinder keinerlei Probleme durch die Mediennutzung haben.

Zahlen und Fakten zum übermäßigen beziehungsweise nicht altersgemäßen Medienkonsum:

- Durchschnittliche tägliche Medienzeit von Jugendlichen: Mädchen 4 Stunden 30 Minuten; Jungen 5 Stunden 20 Minuten
- 3–7 Prozent der Internetnutzer sind onlinesüchtig und ebenso viele stark gefährdet (das heißt jeweils zwischen 1,2 und 2,8 Millionen Deutsche).

- Häufige Netzaktivitäten bei Internetsüchtigen: Einkaufen im Internet, Videokonsum, soziale Online-Netzwerke, Chatrooms, Online-Spiele, intensive nächtliche Nutzung
- Deutsche Schüler sind international Spitze bei der unterhaltungsorientierten Nutzung digitaler Bildschirmmedien; ca. 600 000 Computerspielsüchtige in Deutschland.
- 81 Prozent der Jungen nutzen Spiele, die nicht für ihr Alter freigegeben sind; 70 Prozent der Eltern erlauben es.
- Killerspiele (oft schon von 12-Jährigen gespielt) lassen die Gefühle abstumpfen und setzen Hemmschwellen zur Gewalttätigkeit herab. Weiterhin werden Aufmerksamkeitsstörungen antrainiert (bei Ego-Shooter-Spielen).
- Folgen eines übermäßigen Internet-, Computer- und Handyumgangs: massive Auswirkungen auf die persönliche, geistige und geistliche Entwicklung;
  - zum Beispiel Schulversagen (Sitzenbleiben, Schule abbrechen); besonders gefährdet: Jungen; eine Hauptursache: mangelhafte Lesekompetenz
- Übrigens: Der Besitz einer Spielekonsole wirkt sich schon nach wenigen Monaten messbar negativ auf die Lese- und Schreibleistung von Grundschülern aus.
- Uneingeschränkter Zugang zu Computerspielen im Grundschulalter ist der größte Risikofaktor für den späteren suchtartigen Konsum von Videospielen.
- Die Computernutzung im Kindergartenalter kann zu Aufmerksamkeitsstörungen und im späteren Kindergartenalter zu Lesestörungen führen.

Symptome von Spielsucht:

- Ständig steigende Spielzeit
- Abnehmende Teilnahme am richtigen Leben
- „Was soll ich denn sonst machen?"
- Kontrollverlust/Entzugserscheinungen
- Ständige Konflikte mit den Eltern
- Nachlassende schulische Leistungen

Im Bereich der *kriminellen Internet-Delikte* ist man übrigens nicht nur als mögliches Opfer gefährdet, sondern man kann leicht (möglicherweise unbewusst) zum Täter werden.

Auch dazu ein paar Stichpunkte:

- Der illegale Download von Musik, Filmen und Software wird von den Rechteinhabern scharf verfolgt und kann zu hohen Schadensersatzforderungen führen. Hier gilt: Eltern haften für ihre Kinder.
- Das Posten und Teilen von Bildern und Videos ohne Erlaubnis des Rechteinhabers ist eine Urheberrechtsverletzung.
- Recht am eigenen Bild: „Jeder Mensch hat das Recht, selbst zu bestimmen, ob Bilder von ihm veröffentlicht werden" (§ 22, Kunsturheberrechtsgesetz). Fotos, Filme im Netz ohne Erlaubnis des Abgebildeten sind strafbar. ⇨ Schadensersatz: bis zu 1000 Euro pro Bild.
- Bis zu fünf Jahre Gefängnis oder Geldstrafe gibt es für:
  - Ausspähen von Daten
  - Datenveränderung
  - Beleidigung, üble Nachrede, Verleumdung (auch in geschlossenen Gruppen)

- unbefugte Sprach- und Videoaufzeichnungen (auch ohne Weitergabe)
- Filmen, Fotografieren in besonders geschützten Räumen (auch ohne Weitergabe)
- Verbreitung von Porno- und Gewaltdarstellungen
- Sendungen von Pornographie an Minderjährige = sexueller Missbrauch
- Anmeldung mit falschen Daten, um Betreiber oder Dritte zu schädigen, ist Betrug.
- Plagiate bei Hausaufgaben, Prüfungsarbeiten usw.: Fremdes geistiges Eigentum oder Inhalt eines fremden Werkes muss kenntlich gemacht werden. Im Extremfall kann es sonst womöglich zu Schadensersatzverpflichtungen kommen oder es kann sogar strafbar sein.

Gefahren durch die Teilnahme an sozialen Netzwerken wie Facebook:

- Man zahlt mit seinen persönlichen Daten für die Nutzung: weltweite Lizenz für die unentgeltliche Nutzung jeglicher Inhalte (Facebook darf deine Inhalte und Fotos weiterverkaufen).
- Facebook sieht alles, was man tut (auch gelöschte oder nicht abgeschickte Posts werden gespeichert).
- Mit Hilfe von Facebook können Unbekannte zum Teil den Wohnort, die Schule, den Schulweg, den Urlaubsort, die Zeiten, wann das Haus unbeaufsichtigt ist, usw. herausfinden.
- Wegen persönlicher Einträge auf sozialen Netzwerken sind schon Leute öffentlich entwürdigt, bloßgestellt, entlassen worden, in die BILD-Zeitung gekommen, vorbestraft, nicht eingestellt, von der Schule geflogen, vergewaltigt, erpresst usw. worden.

Nach dieser langen Liste von Gefahrenaspekten schauen wir uns nun zunächst an, welche Schutzmaßnahmen von den öffentlichen Beratungsstellen (wie Polizei und Jugendschutzorganisationen) empfohlen werden. Behalten wir dabei aber im Blick, dass dies aus christlicher Sicht nur der absolute *Mindestschutz* sein kann. Wenn wir uns als Christen entschließen, auf gewisse Mediennutzung ganz zu verzichten oder mit den Einschränkungen viel weiter zu gehen als in unserer Gesellschaft üblich, dann werden sich manche dieser Maßnahmen erübrigen. Darauf kommen wir später zurück, wenn wir über konkrete Handlungsempfehlungen für christliche Familien nachdenken.

Technischer Schutz:

- Die folgenden Empfehlungen sind ausführlicher und gut erklärt auf der Webseite www.bsi-fuer-buerger.de zu finden (Bundesamt für Sicherheit in der Informationstechnik – BSI für Bürger):
- Immer aktuellen Virenscanner mit aktuellen Viren-Signaturen und zusätzlichen Schutzeinrichtungen nutzen (Anti-Virus, Anti-Malware, Firewall, Webseiten-Bewertung).
- Für jüngere Kinder, die zum Beispiel für Hausaufgaben ins Internet müssen: Webfilter installieren.
- Webcam zukleben (Schutz vor Ausspähen).
- Immer die aktuellsten Versionen des Betriebssystems installieren.
- Durch automatische Updates das Betriebssystem aktuell halten; dadurch werden im Hintergrund regelmäßige Fehlerbehebungen und Sicherheits- bzw. Wartungsupdates installiert (auch *patches* genannt; das englische Wort *patch* steht für den Flicken, den man auf ein Loch näht).

- Immer einen aktuellen Browser benutzen mit Erweiterungen wie Adblocker (Werbung ausblenden bzw. sogenannte Popups verhindern); andere Erweiterungen zeigen das Ursprungsland sowie die IP-Adresse von Webseiten an oder klassifizieren Webseiten als sicher oder unsicher.
- Ggf. Browser im sogenannten „Inkognito"-Modus benutzen; damit werden einige der eigenen Angaben nicht an die Webseiten übermittelt (wie eigene IP-Adresse, Betriebssystem und Version, Browser und Version, Name des Rechners und des Benutzers, etc.; alle diese Angaben können sonst über den Browser ausgelesen werden, siehe www.dein-ip-check.de/hilfe/index.html).
- Keine Software oder Freeware von unbekannten Webseiten herunterladen und installieren; nur bekannte und geprüfte Webseiten benutzen.
- Der Benutzer (*User* oder *Account*) von Kindern sollte keinen Administrator-Zugriff haben; damit wird verhindert, dass sie ungewollt Software installieren, die sie aus dem Internet herunterladen.
- Wichtige Anwendungen (wie PDF-Reader, Office Software, Emailsoftware) immer aktuell halten, da darüber u. A. Dateien mit Anhängen und Bildern aus dem Internet geöffnet werden.
- So wenig wie möglich mit „Datenkraken" wie Google arbeiten (eine bessere Alternative ist z. B. die diskrete Suchmaschine „Startpage").
- Im Browser eine sinnvolle Startseite einstellen (z. B. eine Suchmaschine oder ein gutes, vielleicht christliches Portal). Manche Internet-Anbieter oder Email-Portale (wie MSN, T-Online, GMX) stellen beim Installieren ihrer Software die Browser so ein, dass ihre eigenen Portale immer automatisch gestartet werden. Dort sind neben (reißerischen) Nachrichten auch schnell mal zweifelhafte Anzeigen und Arti-

kel zu sehen, über die man mit wenigen Klicks in ganz unerwünschte Bereiche kommt. Das muss nicht sein!

Generelle Tipps:

- Keine Bildschirme im Kinderzimmer.
- Keine Handys oder mobilen Konsolen in der Nacht.
- Kein Internetzugang auf mobilen Geräten für unter 16-Jährige.
- Kinder brauchen Netzbetreuung.
- Nicht zu lange mit den Medien beschäftigen.
- Sinnvolle andere Tätigkeiten sind nötig.
- Interesse an den Computertätigkeiten der Kinder zeigen.
- Gefahren und strafbare Handlungen besprechen.
- In Gefahrensituationen Beweise sammeln.
- Klare Nutzungsregeln und Konsequenzen.
- Stärke zeigen gegen: „Alle anderen dürfen das aber." – Das stimmt meistens nicht.
- „Multitasking" ist nicht möglich, sagt die Hirnforschung. Bei Hausaufgaben also keine Musik und nicht Facebook oder Mailprogramm usw. geöffnet haben. Menschen, die häufig mehrere Medien gleichzeitig nutzen, weisen Probleme bei der Kontrolle ihres Geistes auf (Konzentration, Fokussierung).

Selbsttest für Eltern:

- Kennen die Eltern die Risiken und können sie sich mit dem Kind darüber unterhalten? Würde das Kind von negativen Erfahrungen erzählen?
- Ist der PC kindersicher?
- Wissen die Eltern, wie viel Zeit das Kind vor dem Bildschirm verbringt? (www: Wann – was – wie lange?)

- Facebook, WhatsApp, Instagram, Skype, Twitter, YouTube usw.: Wie präsentiert sich das Kind dort und für wen?
- Was macht es mit dem Handy?
- Welche Inhalte hat es auf seinem Smartphone, Computer, Tablet?
- Beeinflusst der Medienkonsum Entwicklung und Schulerfolg des Kindes negativ?
- Bei Hausaufgaben also keine Musik laufen lassen, und auch nicht Facebook oder Mailprogramm usw. …

Empfehlungen für Anmeldungen, z. B. bei Facebook (falls man sich nicht ganz dagegen entscheidet; siehe später):

- Zusätzliche E-Mail-Adresse dafür anlegen, die keinen Aufschluss auf Namen und Alter gibt. Und allgemein: Sicherer ist es, keine E-Mail-Adresse aus Vor- und Nachnamen im Internet zu benutzen. Also: eine zweite E-Mail-Adresse ohne persönliche Angaben.
- Passwort mindestens achtstellig (besser noch länger), bestehend aus Groß- und Kleinbuchstaben sowie Zahlen und Sonderzeichen; dieses niemandem weitersagen.
- Maximale Privatsphäre einstellen.
- Inhalte gut überlegt einstellen: Trotz höchster Sicherheitsstufe sollte nur das sichtbar sein, was jeder sehen darf.
- Keine Unbekannten in die Kontaktliste aufnehmen!
- Kind sollte nicht mit Bild sichtbar sein.
- Auf keinen Fall Freundefinder benutzen, da dadurch sämtliche Kontakte von eigenem E-Mail-Konto preisgegeben werden.
- Bei Einladungen zum Beispiel zu persönlichen Feiern höchste Vorsicht, da bei einem falschen Klick Hunderte informiert sein können und vielleicht auch kommen.

Einkaufen im Internet:

- 14 Tage Rückgabe-/Rücktrittsrecht.
- Bekannte Anbieter bevorzugen.
- Nur „geprüfte Online-Shops" verwenden (siehe www.safer-shopping.de).
- Kommentare über Händler und Bewertungen anderer Kunden lesen (z.B. bei *ebay* oder *amazon*).
- Große Beträge nicht per Vorkasse bezahlen.

2. Die „belanglose Ebene"

Vielleicht sagt der eine oder andere: Alle diese Warnungen sind sicher völlig berechtigt und es ist gut, die genannten Vorsichtsmaßnahmen zu befolgen, aber man darf auch nicht überängstlich werden. Schließlich ist auch der Straßenverkehr voller Gefahren und Risiken, und trotzdem wagen wir uns Tag für Tag hinaus und schicken natürlich auch unsere Kinder nach draußen. Das Kind ist vernünftig genug, sich vor den „roten Bereichen" in Acht zu nehmen. Es nutzt die digitalen Medien nur für die Schule, für ein paar harmlose Spiele und für die Kommunikation mit den eigenen Freunden und Bekannten. Das Handy ist zudem noch nützlich, weil wir als Eltern unser Kind dann jederzeit und überall erreichen können und umgekehrt.

Denken wir darum als Nächstes etwas über die Ebene nach, die in unserem Schema als „belanglose Ebene" (gelblich markiert) bezeichnet wurde. Das ist die Summe der Aktivitäten, die keinen direkten Nutzen bringen, aber auch keine unmittelbar erkennbaren Gefahren beinhalten: harmlose Computerspiele, Chatten (zu deutsch: „Plaudern") mit den Kameraden, Surfen im Internet auf harmlosen Seiten (Modeseiten für die Mädels, Sportseiten für die Jungs) und vieles mehr. Dass auch diese Ebene zum Problem werden kann, wenn sie übermäßig konsumiert wird, haben wir schon gesehen (selbst belanglose Online-Aktivitäten können süchtig machen!). Aber was spricht dagegen, wenn das alles in einem vertretbaren zeitlichen Rahmen bleibt?

Dazu gleich die Gegenfrage: Welcher zeitliche Rahmen ist denn für solche Aktivitäten aus christlicher Sicht vertretbar? Eine Stunde pro Tag oder zwei? Soundsoviel Stunden pro Woche? Vielleicht noch abgestuft nach Alter? Mit zunehmendem Alter immer etwas mehr Zeit? (Das wäre eigentlich unlogisch, denn mit steigendem Alter sollte der junge Mensch immer mehr reale Verantwortung übernehmen und mehr Zeit zum Lernen aufbringen, so dass eigentlich *weniger* Zeit für Belangloses übrigbleiben müsste!)

Dazu ein paar mathematische Überlegungen. Wir haben weiter oben die statistischen Zahlen gesehen, wie viel Zeit ein durchschnittlicher deutscher Jugendlicher mit den Medien verbringt. Nur mal angenommen, ein Jugendlicher aus einer christlichen Familie würde sich auf die Hälfte dieser Zeit beschränken. Dann wäre das, hochgerechnet auf eine ganze Woche, immer noch ein ganzer Tag! Rechnen wir das noch weiter hoch auf ein durchschnittliches Menschenleben, dann ergibt das zehn Jahre der gesamten Lebensdauer! Zehn kostbare Jahre, die nie wiederkommen. Zehn Jahre, die man nur *einmal* zur Verfügung hat. Und selbst wenn man mit der Medienzeit noch weiter runtergeht und die Zahl ein weiteres Mal halbiert (dann ist man bei nur etwas mehr als einer Stunde pro Tag), so ergibt das immer noch fünf Jahre der Lebenszeit.

Deshalb nochmals zurück zu der Frage, die wir uns oben gestellt haben. Wenn wir uns vorstellen, dass wir vor dem Richterstuhl Christi einmal Rechenschaft über unsere Lebenszeit ablegen werden: Wie viel Zeit für die „belanglose Ebene" ist dann eigentlich vertretbar? Die Antwort darauf mag jeder Leser für sich geben!

Nun wird vielleicht jemand einwenden: Aber ist es nicht ein Kennzeichen der Kindheit und Jugend, dass man in dieser Phase des Lebens auch Zeit für Belangloses hat? Dürfen Kinder nicht zum Beispiel spielen, ihren Hobbys nachgehen und unbeschwerte Zeit mit ihren Kameraden verbringen, ohne ein schlechtes Gewissen haben zu müssen? Das stimmt gewiss, nur gibt es einen großen qualitativen Unterschied zwischen vielen „klassischen" Kinderbeschäftigungen einerseits und der häufigen Nutzung digitaler Medien andererseits. Sehr viele der klassischen Aktivitäten haben positive Aspekte für die Entwicklung der Kinder.

Einige Beispiele:

- Sport und Spiel im Freien sind in der Regel gesund (frische Luft, Bewegung, körperliche Entwicklung, guter Ausgleich zum vielen Sitzen in der Schule und bei den Hausaufgaben).
- Gesellschaftsspiele und Mannschaftsspiele fördern soziale Kompetenzen; Kinder können üben, mit Erfolgen und Misserfolgen angemessen umzugehen und Teamfähigkeit zu entwickeln.
- Musizieren oder Basteln fördern Kreativität und Geschicklichkeit.
- Lesen von gut ausgewählten Büchern hat viele positive Effekte (Erweiterung sprachlicher Kompetenzen, aber auch Stärkung der Phantasie).
- Reale Begegnungen mit Freunden (also Face-to-face statt via Facebook & Co.) erweitern das Spektrum an kommunikativen Fähigkeiten. Es gibt eben viel mehr als die oberflächliche SMS-Jugendsprache. Wie viel mehr kann man ausdrücken über einen verständnisvollen Blick oder eine ermutigende Hand auf der Schulter des Freundes! Wie viel mehr Möglichkeiten hat man, mit seiner Stimmlage oder seinem Gesichtsausdruck etwas zum Ausdruck zu bringen, als wenn man nur per Mausklick einen aus fünf möglichen Smileys auswählt.
- Reale gemeinsame Erlebnisse wie eine Radtour oder eine selbstgebaute Bude im Wald sind unvergleichlich wertvoller für die Entwicklung der Persönlichkeit als das Erreichen des nächsten Levels bei einem Computerspiel.

Alle diese positiven Aspekte fehlen fast völlig bei der Beschäftigung mit den digitalen Medien. Freilich wird auch da scheinbar die eine oder andere Fähigkeit trainiert (zum Beispiel das Reaktionsvermögen bei bestimmten Computerspielen), aber dies ist in der Regel recht einseitig und steht in keinem Verhältnis zu den negativen Nebenwirkungen.

Es seien noch zwei Unterschiede genannt zwischen klassischen Rollenspielen (zum Beispiel Jungs, die im Wald Cowboy und Indianer spielen) und Computer-Rollenspielen:

- Das klassische Rollenspiel fördert auf vielfältige Weise die Kreativität. Da werden Rollen verteilt, Handlungen erdacht, passende Kulissen im Wald erkundet, Tipis gebaut, Pfeil und Bogen hergestellt, Szenen gespielt und manches andere. Im Online-Rollenspiel muss man sich um die meisten Dinge nicht kümmern. Die Kulisse und das Zubehör sind einfach (virtuell) vorhanden. Du brauchst nur deine Augen, die konzentriert auf den Bildschirm starren, und deine Finger, die über Tastatur und Maus das Spiel steuern. Auch die Handlung ist vorgegeben. Echte Phantasie ist also nicht gefragt. Du kannst vielleicht ab und zu per Klick zwischen ein paar Alternativen entscheiden. Vielleicht kannst du wählen, ob du deinen Feind mit dem Pfeil oder mit dem Tomahawk töten willst. Aber was machst du, wenn du auch im Rollenspiel nach biblischen Prinzipien entscheiden möchtest und keine der angebotenen Alternativen biblisch ist?
- Klassische Rollenspiele haben wohl noch niemanden süchtig gemacht und sie lassen mit zunehmendem Alter nach. Irgendwann sind die Jungs einfach aus dem „Cowboy-und-Indianer-Alter" herausgewachsen. Bei Online-Rollenspielen passiert oft das Gegenteil. Die Spielzeit nimmt zu, nur braucht der Spieler ständig neue Reize. Entweder der Schwierigkeitsgrad muss steigen oder die Brutalität der Szenen muss zunehmen. Dass dies bei gewissen Spielen bis zur Sucht ausarten kann, haben wir bereits erwähnt.

Zurück zu den negativen Nebenwirkungen des Medienkonsums. Hirnforscher haben festgestellt: Die Kinder sind vielem ungeschützt ausgeliefert – unvereinbaren Reizen, emotional aufwühlenden Bildern, fragwürdigen Orientierungsangeboten. Das hat einen erheblichen Einfluss auf die Entwicklung des menschlichen Gehirns. Die Hirnentwicklung hängt mit der des Verhaltens, Denkens, Fühlens und der des Gedächtnisses zusammen. Wenn Kinder und Jugendliche täglich Stunden vor ihren Computern verbringen, so verändert das ihre Wahrnehmung, ihr Raum- und Zeitempfinden, ihre Gefühlswelt und ihre Fähigkeit, sich im realen Leben zurechtzufinden. Und auch ihr Gehirn wird dadurch verändert. Bei Kindern, die regelmäßig vor ihren Monitoren sitzen, passt sich das Gehirn an diese Art von Nutzung an, und so ist ihr Denken hochgradig von bildhaften Vorstellungen geprägt. Wer in den Strudel virtueller Welten eintaucht, bekommt ein Gehirn, das zwar für ein virtu-

elles Leben optimal angepasst ist, mit dem man sich aber im realen Leben immer schlechter zurechtfindet.

Die Zeit, die Kinder mit den Medien verbringen, muss ja irgendwo anders abgezogen werden. Sie geht leider zu Lasten der anderen, oben aufgezählten wertvolleren Aktivitäten. Das führt dazu, dass viele wichtige Kompetenzen (wie Kreativität, Bewegungsfreudigkeit und Naturbewusstsein) weniger gefördert werden als früher. Hinzu kommt, dass einige dieser Kompetenzen auch für die geistliche Entwicklung von Bedeutung sind. Wer sich nicht mehr gut in ein Buch vertiefen kann, wer nicht mehr übt, sich in ein lebendiges Gegenüber hineinzuversetzen, wer zu wenig trainiert, mit Ausdauer eine schwierige reale Aufgabe zu lösen, dem fehlen ganz wichtige Grundfähigkeiten für ein geistliches Leben.

Aber es steht nicht nur weniger Zeit für die echten Erfahrungen zur Verfügung; bei vielen Jugendlichen geht auch der Geschmack daran spürbar zurück. Wenn man zum Beispiel früher auf einer Klassenfahrt ein Geländespiel machte und abends ein Lagerfeuer mit Stockbrotessen, dann waren das Höhepunkte, die für Freude und Begeisterung sorgten. Heute kann es passieren, dass das Geländespiel nach ein paar Minuten seinen Reiz verloren hat, dass das Zubereiten des Stockbrots viel zu mühsam ist und dass die Jugendlichen stattdessen den ganzen Abend auf ihren Smartphones herumklicken und mit ihren Bekannten, die zu Hause sitzen, belanglose Kurznachrichten austauschen. Das Belanglose verdrängt das Wertvollere – diese negative Tendenz ist der Hauptgrund, warum wir uns und unsere Kinder nicht nur vor den „roten Bereichen" des Internets schützen sollten, sondern auch das Eintauchen in die belanglose Ebene so weit wie nur irgend möglich beschränken sollten.

Dass das Denken mancher Jugendlicher mittlerweile verzerrt ist, zeigt das Zitat eines Jugendlichen: „Wenn ich jemand real treffe, sehe ich ja nur die Person, aber auf Facebook sehe ich, wie er/sie wirklich ist."

Clifford Stoll, ein amerikanischer Computerexperte, der sich zu den Pionieren des Internets zählt und der trotz (oder gerade wegen) seiner Kompetenz auf diesem Gebiet Bücher *gegen* den Medienkonsum von Jugendlichen verfasst hat, schreibt:

> *Diese Kultur sagt: Wenn du nicht mit dem Netzwerk verbunden bist, fehlt dir etwas. Alles Wichtige wird über deinen Computer geschehen. Alles, was du brauchst, wird dir das Internet besorgen. Selbst wenn es ein wirklich schwieriges Problem in deinem Leben gibt, hat der Computer gleich die Antwort. Diese Kultur verleugnet die Seele der Menschheit. Sie ermutigt uns, mit dem Internet eins zu werden … Auf lange Sicht verlieren wir menschliche Fähigkeiten wie Kopfrechnen, Sätze per Hand schreiben, Handwerken oder Malen. Wir verlernen, Hände zu schütteln oder Freundschaften aufzubauen …*

Und ich füge hinzu: Besteht nicht dadurch die große Gefahr, dass wir mehr und mehr auch verlernen zu beten, uns in Gottes Wort zu vertiefen, belastende Situationen eine längere Zeit zu (er-)tragen und mit Geduld auf Gottes Antworten zu warten?

3. Der „grüne Bereich"

Klar ist, dass es auch für christliche Familien ganz ohne Internetzugang heute nicht mehr geht. Berufstätige und Schüler sowie ihre Eltern werden vielfach gezwungen, sich Informationen über das Netz zu beschaffen oder auf dem Online-Weg zu kommunizieren. Manche Schulen geben wichtige Informationen auf ihrer Homepage bekannt, wickeln die Anmeldungen zum Elternsprechtag online ab und erwarten von den Schülern, dass sie Hausaufgaben mit Hilfe des Internets lösen und ihre Ergebnisse als Computerpräsentation zusammenstellen. Und spätestens mit dem Übergang ins Berufsleben ist der sichere Umgang mit Computer und Internet unerlässlich. Das beginnt mit Informationen über Ausbildungsberufe bzw. Studiengänge sowie der Stellensuche und den eigenen Bewerbungen, die heute in vielen Fällen schon online abgewickelt werden können oder sogar müssen.

Hinzu kommt, dass im Netz auch sehr viel Gutes und Nützliches für den Alltag zu finden ist. Diese großen „grünen Bereiche" zu ignorieren, hieße, in den falschen, verteufelnden Standpunkt zu verfallen, den wir zuvor beleuchtet haben. Neben den ganz alltäglichen Erleichterungen (wie Abruf von Nachrichten, Suche nach Produkten, Routenplanung und vielem anderen) bekommt man auch Unterstützung auf sehr speziellen Gebieten (zum Beispiel Hilfe bei technischen Problemen mit einem bestimmten Gerät oder Austausch zwischen Eltern, deren Kinder an einer bestimmten seltenen Krankheit leiden). Gerade diejenigen, die schon Experten auf einem bestimmten Gebiet sind, finden durch ihr Unterscheidungsvermögen recht gut hilfreiche Informationen, wenn sie konkrete Fragen auf ihrem Gebiet haben.

Wesentlich schwerer fällt das hingegen Kindern und Jugendlichen, für die eigentlich nur ein schmaler Streifen innerhalb des grünen Bereichs geeignet ist. Sie haben eben noch nicht das geübte Unterscheidungsvermögen, um genau das aus einer umfangreichen Google-Trefferliste herauszufiltern, was ihnen bei ihrer aktuellen Fragestellung in ihrer Altersstufe weiterhilft.

Nehmen wir ein konkretes Beispiel. Im Mathematikunterricht einer sechsten Klasse werden gerade die geometrischen Körper behandelt. Der moderne Lehrer fordert seine Schüler auf, zu Hause im Internet nach Abbildungen der Körper zu suchen. Fritzchen Fleißig setzt sich zu Hause vor den Bildschirm, startet eine Google-Bildersuche und gibt den Suchbegriff „Körper" ein. Natürlich wissen wir als Erwachsene, dass das nicht sehr geschickt war, aber Fritzchen ist eben ein Sechstklässler

– und was wird nun passieren? Zunächst einmal sieht er viele Treffer aus dem Bereich der Biologie, und dann fällt ihm auf, dass „Körper" als Suchbegriff leider mehrdeutig ist. Aber er blättert weiter und hofft, dass auf der nächsten Seite endlich die geometrischen Körper erscheinen. Leider landet er stattdessen bei ersten pornographischen Abbildungen. Wie schnell rutscht man völlig unabsichtlich vom „grünen" in den „roten" Bereich des Internets!

Ich denke, das Beispiel ist durchaus nicht an den Haaren herbeigezogen. Und selbst wenn Fritzchen im „grünen Bereich" bleibt, gibt es noch weitere Schwierigkeiten. Wenn er nämlich eine Textsuche statt einer Bildersuche macht und den genaueren Suchbegriff „geometrische Körper" eingibt, dann setzt sich seine Trefferliste aus allen Ebenen zusammen, die zum grünen Bereich gehören. Darin sind hochwissenschaftliche Definitionen vermischt mit möglicherweise fehlerhaften privaten Seiten. Und all diesen Treffern kann Fritzchen nicht ansehen, welche davon inhaltlich richtig und welche für Sechstklässler geeignet sind. Dazu müsste er bereits den Durchblick haben – aber wie sollte er das als Sechstklässler, der gerade dabei ist, sich in ein neues Thema einzuarbeiten?

Selbst wir als Erwachsene sind damit nicht selten überfordert. Ist diese oder jene Information wahr? Von wem ist sie? Ist die Quelle vertrauenswürdig? Welche Aktualität hat die Information? Wer ist der Autor? Hat er die fachliche Kompetenz? Fazit: In der Regel können wir diese Fragen auch nicht beantworten. Es gibt im Netz viele pseudo-wissenschaftliche Seiten, falsche Behauptungen, blanken Unsinn und gefährliches Halbwissen; oft sind diese Dinge für uns nicht zu unterscheiden.

Also: Minderjährige Schüler mit allgemeinen Suchaufträgen allein ins Internet zu schicken, ist einfach pädagogischer Unsinn und zudem unverantwortlich!

Nehmen wir an, wir wollten Fritzchen losschicken, eine Dose Mais zu kaufen. In zwei Kilometer Entfernung gäbe es einen gut sortierten kleinen Lebensmittelladen mit zuvorkommender Bedienung, von der wir wüssten, dass sie Fritzchen auf jeden Fall das Richtige aushändigen würde. Aber gegenüber von uns stände ein riesiges SB-Kaufhaus, in dem alles zu bekommen wäre, auch der Mais. Nur leider wäre in diesem Laden alles völlig unsortiert und es gäbe kein hilfsbereites Personal. Da ständen pornographische Hefte neben der Milch, da wäre der Mais irgendwo zwischen Horrorspielen und gefährlichen Werkzeugen versteckt. Und es wäre bekannt, dass auch Taschendiebe und Pädophile in dem Laden aus- und eingingen. Wohin würden wir Fritzchen schicken? Für den Weg zum erstgenannten Laden müsste er sich extra aufs Fahrrad schwingen und sogar einen Berg hochfahren, während es zu dem Kaufhaus nur ein paar Schritte wären.

Die Übertragung ist sicherlich klar: Natürlich ist es wesentlich bequemer, etwas im Internet zu suchen, als sich wie früher auf den Weg zur Bibliothek zu machen, dort gute Sachbücher zu einem Thema herauszusuchen, diese mit nach Hause zu nehmen und sich wichtige Informationen von Hand herauszuschreiben. Nun, tatsächlich kann es sein, dass zu Letzterem nicht immer die Gelegenheit besteht. Aber dann würden wir zumindest unser Fritzchen in das große Kaufhaus begleiten und es nicht unbeaufsichtigt dort herumsuchen lassen. Übrigens: Wer nicht richtig gelernt hat, sich in gut strukturierten Sachbüchern und

Nachschlagewerken zu orientieren und mithilfe von Inhaltsverzeichnis und Register dort etwas herauszusuchen, der wird unmöglich in der Lage sein, mit der unstrukturierten Datenflut des Internets vernünftig umzugehen.

In der Praxis passiert häufig Folgendes: Der Schüler findet ein, zwei Informationsseiten zum gesuchten Thema, die ihm seriös erscheinen (zum Beispiel Wikipedia). Mittels „cut and paste" kopiert er einige Abschnitte in ein Word-Dokument, formatiert den Text ein bisschen, fügt noch ein paar Bilder ein, eventuell stellt er sogar ein paar Sätze etwas um, druckt das Ganze aus und gibt es als seine erledigte Hausaufgabe ab. In dem Text kommt zwar der eine oder andere Fachausdruck vor, den der Schüler gar nicht versteht, aber was soll's? Es kommt ja aus dem Internet, also wird es schon richtig sein.

Naive Lehrer merken nichts von dem stümperhaften Plagiat. Andere ahnen zwar, dass der Schüler sich nicht inhaltlich gründlich mit dem Thema auseinandergesetzt hat, aber sie trösten sich damit, dass der Schüler immerhin „Medienkompetenz" bewiesen hat. Googeln, cut and paste, formatieren, drucken – ist das wirklich Medienkompetenz? Nein, es hat damit absolut nichts zu tun! Es ist eher systematische Verdummung und Verflachung. Aber es ist Alltag an vielen deutschen Schulen. Clifford Stoll nennt in seinem lesenswerten Bestseller *Logout – Warum Computer nichts im Klassenzimmer zu suchen haben* viele Beispiele für die Auswirkungen der angeblichen Medienkompetenz (und das sind sicherlich keine Einzelfälle):

Auf einer Ausstellung von Unterrichtsprojekten entdeckte ich eine farbige Weltkarte der Temperaturverteilung. Ich fragte den Autor, warum es bei ihm am Amazonas so kalt sei – laut seiner Karte lag die Temperatur mit „38 Grad Fahrenheit" um den Gefrierpunkt. Er zuckte mit den Achseln: „Ich weiß nicht, ich hab die Karte aus dem Internet." Er hatte übersehen, dass die Temperaturen dort in Grad Celsius angegeben waren!

Diesen unkritischen Umgang mit Ergebnissen, nur weil sie „aus dem Internet" kommen, kennt man in der Mathematik schon länger, nämlich seitdem die Taschenrechner eingeführt wurden. Nochmals Clifford Stoll:

Kinder, die mathematische Probleme mit dem Taschenrechner lösen, drücken die Tasten, sehen das Ergebnis und akzeptieren, was ihnen die kleine Maschine sagt. So kann es passieren, dass eine Schülerin eine Arbeit abgibt, in der die Höhe des Fernsehturms von Toronto mit 0,0034117 Millimeter angegeben wird. Gründliche Kenntnisse in Mathematik würden dazu führen, jedes Ergebnis zu überprüfen, aber vor der Autorität des Computers verstummt jede Kritik.

Wie schon erwähnt: Clifford Stoll ist kein ewiggestriger Technikfeind, sondern jemand, der beruflich ständig mit Computer und Internet arbeitet, der daneben aber auch viel Jugendarbeit macht, also jemand, der genau weiß, wovon er spricht.

Computer nehmen Kindern Arbeit ab, die sie besser selbst erledigen würden. Es gibt keinen hinreichenden Nachweis dafür, dass die moderne Informationstechnik das Lernen in der Schule verbessert. Sie führt zum Beispiel zu oberflächlichem Denken, sie lenkt ab und hat zudem unerwünschte Nebenwirkungen.

Übrigens: In letzter Zeit gibt es immer mehr namhafte Untersuchungen, die feststellen beziehungsweise bestätigen, dass der Computer als Lernmedium lange Zeit völlig überschätzt wurde. Es ist nachweislich so, dass die mächtige Computerlobby versucht, den Einsatz von Computern in der Schule massiv zu forcieren, wobei sie sich zum Beispiel des Begriffs „Medienkompetenz" bedient.

Hirnforscher Manfred Spitzer fragt kritisch nach, was denn überhaupt mit Medienkompetenz gemeint ist. Ist es die Fähigkeit, Begriffe in eine Suchmaschine einzugeben oder Texte mit Word zu formatieren? Das sind Dinge, die man innerhalb weniger Minuten lernt und wozu man keine Computer im Schulunterricht braucht. Oder ist es die Fähigkeit,

Informationen und ihre Quellen auf Zuverlässigkeit und Brauchbarkeit zu bewerten und das Wesentliche aus einer Google-Trefferliste herauszufiltern? Dann ist es etwas, was einen minderjährigen Schüler überfordert, weil es einfach nicht seinem Entwicklungsstand entspricht. Kenner sagen: Durch Internetrecherchen kann man nicht zum Experten werden, sondern man muss bereits einer sein, um mit den Ergebnissen einer Internetrecherche sinnvoll umgehen zu können! Dass also durch Internetrecherchen, die als Hausaufgaben gestellt werden, Medienkompetenz bei den Schülern entsteht, ist mehr als fragwürdig.

In welchen Lernbereichen kann der Computer denn überhaupt hilfreich sein?
- Bei der Informationsbeschaffung? – Nur bei sehr starker Lenkung durch Erwachsene (siehe oben), also indem man die brauchbaren Internetseiten schon vorgibt! Dann muss der Lehrer sich allerdings fragen lassen, warum er nicht gleich den altersgemäßen Informationstext ausdruckt, anstatt die Schüler unnötig vor Bildschirme zu setzen.
- Beim Rechtschreib- oder Vokabeltraining? – Eher ungeeignet. Es ist erwiesen, dass sich Wörter und ihre richtige Schreibung am besten im Gedächtnis einprägen, wenn sie mit einer flüssigen Handschrift zu Papier gebracht werden. Das abgehackte Tippen von Buchstaben oder gar Anklicken von Möglichkeiten führt zu deutlich schlechteren Lernerfolgen. Zudem gilt der Medienkonsum als einer der Auslöser der heutzutage vermehrt auftretenden Lese-/Rechtschreibschwächen sowie Aufmerksamkeitsstörungen. Daher ist es kontraproduktiv, diejenigen Kinder, die in diesen Bereichen schon eine Schwäche haben, zum Üben ausgerechnet vor einen Bildschirm zu setzen!

- Beim Kopfrechentraining? – Ja, hier schon am ehesten. Es entspricht nämlich am meisten dem, was ein Computer tatsächlich ist: ein „Rechner". Ein sehr gutes Online-Trainingsprogramm, das immer wieder neue Aufgaben auf beliebigen, frei wählbaren Schwierigkeitsstufen erzeugt, heißt SIKORE („Sicheres Kopfrechnen").
- Bei der Erstellung von Präsentationen? – Auch hier bietet der PC mit modernen Präsentationsprogrammen recht gute Möglichkeiten. Besser als bei den klassischen Medien (wie Overheadfolien oder Schülerplakaten) ist es möglich, Text und Bilder zu kombinieren, verschiedene Anordnungen auszuprobieren und nachträglich zu korrigieren. Auch hier bedarf es allerdings einer guten pädagogischen Anleitung, sonst werden sich viele Schüler nur einiges zusammenkopieren und viel Zeit mit der optischen Gestaltung vertrödeln, statt sich intensiv mit dem Inhalt auseinanderzusetzen.

Schon im Mai 2007 berichtete der SPIEGEL, dass in den USA, dem Weltzentrum des technischen Fortschritts, in den letzten Jahren ein Umdenken eingesetzt hat. „Nach sieben Jahren gibt es keinen Beleg dafür, dass der Einsatz von Computern im Unterricht die Leistung der Schüler auch nur ansatzweise verbessert hätte", wird der Chef einer Schulbehörde zitiert. Die digitalen Lernprogramme hätten sich nicht nur als nutzlos, sondern sogar als schädlich erwiesen.[3]

---

[3] Auf massiven Druck der Computerlobby gab es anschließend viele Gegenberichte. Das darf uns nicht verwundern; es ändert nichts an der Richtigkeit der empirisch belegten Fakten.

III. Handlungsempfehlungen für christliche Familien

1. Die gesunde innere Einstellung: Nur Werkzeuge!

Die entscheidende Frage, von der es abhängt, was die Medien aus uns und aus unseren Kindern machen, ist nicht, wie viel Minuten pro Tag wir mit den Medien zu tun haben (das hängt nämlich von vielen Faktoren ab, wie zum Beispiel von unserem Beruf oder von den Anforderungen der jeweiligen Schule). Nein, die entscheidende Frage lautet, welche *innere Haltung* wir zu den Medien haben. Was sind sie für uns beziehungsweise für unsere Kinder?

Für viele Jugendliche heute sind ihre PCs und vor allem ihre mobilen Geräte Statussymbole, Prestigeobjekte und *die* zentralen Spiel- und Kommunikationsgeräte. Genau diese Haltung gilt es zu bekämpfen! Wie schon in der Einleitung betont: Was wir brauchen, um vor dem falschen Denken dieser Welt bewahrt zu bleiben, ist eine kritische Distanz.

Computer und Handys sollen für uns nichts weiter als *Arbeitsgeräte* beziehungsweise *Gebrauchsgegenstände* sein. Wenn wir das glaubhaft vermitteln können (und das geht nur, wenn wir es als Erwachsene vorleben!), dann kann es gelingen, als christliche Familie einen guten Weg durch den Mediendschungel zu gehen.

Orientieren wir uns einfach daran, wie wir mit anderen Arbeitsgeräten und Gebrauchsgegenständen in unserem Haushalt umgehen, etwa mit einer Säge oder einem Feuerzeug (also mit Geräten, die nützlich sind, die aber auch Gefahren beinhalten) oder mit unserem Festnetztelefon. Wir bewahren eine Säge nicht im Kinderzimmer auf. Je kleiner unsere Kinder sind, umso mehr werden wir auf einen sicheren Aufbewahrungsort achten. Wir holen die Säge auch nur hervor, wenn wir sie für eine konkrete Aufgabe benötigen. Im Umgang damit beachten wir Sicherheitsvorkehrungen. Und unsere Kinder lassen wir nur damit hantieren, wenn wir dabei sind beziehungsweise wenn sie alt genug sind und vorher unter unserer Anleitung genug geübt haben. In Bezug auf das Feuerzeug handhaben wir das genauso. Warum also nicht auch beim PC? Auch der Computer ist ein Arbeitsgerät, das man für bestimmte Aufgaben zielgerichtet gut gebrauchen kann, aber er birgt eben auch eine Menge Gefahrenpotential.

Wichtig ist also zunächst einmal ein sicherer Ort. Das ist sicherlich nicht das Kinderzimmer, sondern zum Beispiel das Arbeitszimmer der Eltern (falls es möglich ist, dass auch die Kinder dort hin und wieder arbeiten) oder eine Ecke im gemeinsamen Wohnbereich, wo alle jederzeit sehen können, was gerade am Bildschirm abläuft.

Eine zusätzliche Sicherheitsmaßnahme ist die Installation einer guten Kinder- bzw. Familiensicherung, mit der man üble Inhalte (wie Pornographie oder Gewaltverherrlichung) herausfiltern oder auch umgekehrt nur ganz bestimmte Internetseiten freigeben kann. Solche Filter können nicht nur für unsere Kinder, sondern auch für uns als Erwachsene eine Bewahrung sein. Möglich ist auch das Einrichten von Zeitkontingenten.[4]

Wichtig ist zweitens die konkrete Aufgabe. Der Computer wird nicht zum Selbstzweck eingeschaltet, um anschließend zu überlegen, wie man sich damit die Zeit vertreiben kann, oder um jederzeit „online" zu sein. Nein, er wird eingeschaltet, wenn man eine Aufgabe erledigen will, von der man überzeugt ist, dass der Computer das richtige Arbeitsgerät dafür ist. (Nur unter dieser Voraussetzung holt man ja auch die Säge aus dem Keller.) Muss also für die aktuelle Hausaufgabe wirklich „gegoogelt" werden – oder ist nicht ein gutes Schülerlexikon oder Sachbuch zum Thema die bessere Alternative? Wenn schon so viel von Medienkompetenz geredet wird, dann müsste es doch wohl eher diese Kompetenz sein: bei jeder konkreten Aufgabe zunächst einmal abzuwägen, welches Medium das sinnvollste und geeignetste ist. Und das ist eben nicht immer das Internet, auch wenn es vielleicht am bequemsten erscheint. Eine Google-Trefferliste mit 3,5 Millionen Seiten zum Thema „Kegel" ist für einen Fünftklässler durchaus nicht die bessere Alternative gegenüber einer verständlichen Erklärung in einem altersgemäß aufbereiteten Mathematik-Nachschlagewerk. (Übrigens: Der erste von den 3,5 Millionen Treffern ist meistens die Wikipedia-Erklärung. Die mag zwar mathematisch völlig korrekt sein, ist aber überhaupt nicht altersentsprechend formuliert und daher für einen Fünftklässler trotzdem untauglich.)

---

[4] An dieser Stelle kann ich keinen Marktüberblick über verschiedene Anbieter und die Vor- und Nachteile ihrer Filtersoftware geben. Von mehreren kompetenten Ratgebern wird aber das Schutzprogramm von Salfeld empfohlen (siehe im Internet unter salfeld.de/software).

Die dritte Parallele zur Säge ist die nötige sorgfältige Anleitung. Wie vermittelt ein Vater seinem Sohn „Sägekompetenz"? Das geschieht normalerweise in mehreren Phasen, die jeweils in einem bestimmten Alter dran sind: Zuerst beim Vater zuschauen, dann mit einem ungefährlichen kleineren Gerät (zum Beispiel einer Laubsäge) üben, irgendwann unter Aufsicht des Vaters erste kleine Aufgaben mit der „richtigen" Säge in Angriff nehmen, und am Ende dieses Lernprozesses steht dann schließlich die selbständige „Sägekompetenz". Genauso kann man mit der Informationsbeschaffung im Internet umgehen. Als Erstes sollten die Kinder bei den Eltern zuschauen. Natürlich können sie bei Google einen Suchbegriff eingeben – dazu gehört keine besondere Kompetenz –, aber dann aus der Liste von Millionen Treffern etwas herauszufischen, was erstens seriös ist und zweitens altersgemäß, das ist eine völlige Überforderung. Wenn Lehrer jüngeren Schülern solche unsinnigen Hausaufgaben stellen („Sucht mal im Internet etwas zum Thema ... heraus"), dann müssen *wir* das mit unseren Kindern tun, auch wenn ich sonst nicht dafür bin, dass wir den Kindern ihre Aufgaben abnehmen. Irgendwann kommen dann die ersten eigenen Versuche. Was die Laubsäge in unserem Beispiel ist, das können Kinder-Suchmaschinen im Internet sein (Beispiele: www.helles-koepfchen.de, www.fragfinn.de oder für noch jüngere Kinder: www.blinde-kuh.de). Dann folgt in einem gewissen Alter das eigene „Googeln" mit unserer Unterstützung, bis schließlich (hoffentlich) echte „Medienkompetenz" entstanden ist.

In ähnlicher Weise können wir unsere Kinder anleiten, wie sie den Computer für weitere Aufgaben als Arbeitsgerät nutzen können: zum Beispiel für gestalterische Aufgaben (ein Bildkalender als Weihnachtsgeschenk, eine PowerPoint-Präsentation für das Geschichtsreferat ...) oder für Verwaltungsaufgaben (Überwachung des Strom- oder Benzinverbrauchs mit Excel-Tabellen, Verwalten der Kontaktdaten oder Geburtstagstermine in Outlook ...). Anders als bei der Informationsrecherche kann es hierbei passieren, dass die Kinder nach kurzer Zeit das Bildbearbeitungs- oder Präsentationsprogramm besser beherrschen als wir. Sie gehen einfach unbefangener heran und haben auch mehr Zeit zum Ausprobieren und Basteln. Das ist überhaupt nicht schlimm und die Kinder dürfen gerne das stolze Gefühl haben, dass sie uns auch etwas beibringen können. Beim Erstellen von PowerPoint-Präsentationen passiert es allerdings sehr leicht, dass die Kinder sich verzetteln, indem sie sich stundenlang um Schriftarten, Farben und Übergangseffekte kümmern und den Inhalt des Referats fast ganz aus den Augen verlieren. Da sind dann wieder wir als Erwachsene gefragt: Wir müssen sie anleiten, dass der Inhalt das Entscheidende ist und die optische „Verpackung" nur Nebensache. Die Bibel – Gottes Reden zu uns Menschen – ist dafür sicher unser wichtigstes Vorbild.

Den Computer also vorrangig als Arbeitsgerät benutzen – das ist ohne Frage die erste gute Handlungsempfehlung. Und wenn wir uns als Familie entscheiden, ihn doch auch in geringem Maße als Spiel- und Unterhaltungsmedium einzusetzen? Dafür mag es ja manchmal Gründe geben (wie eine längere Schlechtwetterphase in den Ferien oder die ungünstige Situation, dass es für mein Kind keine gleichaltrigen Spielkameraden in der örtlichen Gemeinde gibt, mit denen es sich verabreden kann). Auch dann sollten wir als Eltern die Sache keinesfalls einfach aus der Hand geben. Spiele, die am PC gespielt werden, müssen *gemeinsam* nach guten Kriterien ausgewählt werden; die Spielzeit sollte vorher festgelegt und dann auch eingehalten werden. Die Computerspielzeiten sollten *nicht* als Belohnung erteilt werden (zum Beispiel für gute schulische Leistungen oder die Erledigung häuslicher Pflichten). Durch den Belohnungscharakter kann sonst der Eindruck entstehen, solche Zeiten seien etwas besonders Wertvolles. Als Eltern sollten wir vielmehr vermitteln, dass Bildschirmspiele im Vergleich zu vielen anderen kreativen oder sportlichen Freizeitaktivitäten minderwertig sind und eher eine Notlösung darstellen, wenn durch das Wetter oder die Umstände die anderen Möglichkeiten gerade eingeschränkt sind.

Auch für das Anschauen von Filmen gelten ähnliche Kriterien. Sie müssen von den Eltern geprüft und ausgewählt sein, und es ist wichtig, sich nachher möglichst über das Gesehene auszutauschen. Es gibt ja durchaus Filme, die auf eindrückliche Weise gute Werte (wie treue Freundschaft oder aufopferungsvollen Kampf für das Gute) vermitteln oder die in kindgerechter Art Wissen weitergeben. Auch hier ist natürlich wieder auf die geringe Dosierung zu achten; sonst wird hinterher die Wissensaufnahme durch Bücher oder der trockene Schulunterricht am Vormittag als zu mühsam empfunden.

Und das Handy (das übrigens von Polizei und Jugendschützern als das gefährlichste Medium eingeschätzt wird)? Auch das darf in den Augen unserer Kinder eben nicht zum Statussymbol werden! Bei nüchternem Abwägen kann man eigentlich nur zu dem Schluss kommen, dass ein Handy (ganz gewiss aber ein Smartphone!) in Kinderhand in aller Regel überflüssig ist. Die meisten Eltern „knicken" trotzdem irgendwann ein, die einen schon im Grundschulalter, die anderen etwas später. Der Gruppendruck ist heute enorm und am Ende beugt man sich dann dem „Sicherheitsargument": So kann unser Kind uns von überall erreichen, wenn mal was passiert.

Auch hier ist die Lösung eigentlich sehr einfach, wenn wir nur die nötige kritische Distanz bewahren und bereit sind, den Gruppendruck auszuhalten. (Natürlich trifft der Gruppendruck nicht uns, sondern vor allem unser Kind; aber ist es nicht eines der wichtigsten Erziehungsziele, dass unsere Kinder solchem Druck widerstehen lernen?) Also, stellen wir uns auf den Standpunkt, dass das Handy wirklich zur Sicherheit unseres

Kindes nützlich ist und dass wir es als Statussymbol und als Mittel, in der Gruppe dazuzugehören, ablehnen. Dann folgt zweierlei:
- Erstens muss es kein Smartphone sein (Internetzugang jederzeit und überall ist nicht nur überflüssig, sondern voller Gefahren, wie wir gesehen haben); es genügt ein einfaches Gerät, mit dem man ausschließlich telefonieren kann (ja, die gibt es tatsächlich auch noch auf dem Markt!).
- Zweitens muss das Gerät nicht im persönlichen Besitz des Kindes oder des Jugendlichen sein. So wie nicht jedes Familienmitglied seine eigene Säge und sein eigenes Festnetztelefon hat, so muss keineswegs jeder sein eigenes Handy haben. Wenn es sich um ein Familiengerät handelt, dann bleibt das Bewusstsein viel besser erhalten, dass es nur ein Gebrauchsgegenstand ist. Das Kind behält die gesunde innere Distanz dazu. Die Familie entscheidet, wie viele von diesen Geräten für den täglichen Gebrauch sinnvoll erscheinen. Alle diese Geräte liegen ähnlich wie das Festnetztelefon an einer bestimmten Stelle im Haushalt, nicht aber im Kinderzimmer. Und immer wenn ein Familienmitglied sich auf einen Weg macht, wo es sinnvoll sein könnte, per Handy erreichbar zu sein, dann bekommt es eines der Geräte für unterwegs ausgehändigt.

Noch unnötiger als der persönliche Handybesitz erscheint die Mitgliedschaft in einem sozialen Netzwerk wie Facebook. Gerade da geht es für viele Jugendliche zu einem gehörigen Teil ums Prestige (wie viele „Freunde" ich vorweisen kann). Die weltlichen Ratgeber empfehlen oft, hier nur wenig Persönliches preiszugeben oder sich hinter einem Phantasienamen zu verstecken. Aber entspricht solch ein „Versteckspiel" dem Prinzip eines Christen, transparent und als Persönlichkeit wahrnehmbar zu sein? Ist ein „Ort", wo ich (aus berechtigter Angst vor dem Missbrauch meiner Daten) nur verdeckt auftreten kann, wirklich ein Bereich, wo ich als Christ hingehöre?

Und ein weiterer Punkt: Ist es nicht besorgniserregend, dass in unserer Gesellschaft die Vereinsamung zunimmt und das soziale und ehrenamtliche Engagement abnimmt? Ist unser Auftrag als Christen nicht: „Geht hin …" (zu den Menschen, die euch brauchen), statt vom Bildschirm aus mit Hunderten von virtuellen „Freunden" vernetzt zu sein?

Zur Erinnerung: Der Herr Jesus hat uns keine SMS vom Himmel gesandt, Er hat auch nicht eine Homepage online gestellt, auf der uns das Evangelium mit ansprechenden Bildern präsentiert wird. Nein, Er hat *sich* gege-

ben, Er hat als leibhaftiger Mensch unter uns gelebt. Sein Leben, seine Person war das Reden Gottes zu uns (Heb 1,2). Der Apostel Johannes konnte bezeugen: „… was wir gehört, was wir mit unseren Augen gesehen, was wir angeschaut und unsere Hände betastet haben" (1Joh 1,1).

Und seine Nachfolger? Sie bekamen den Auftrag, hinzu*gehen* in die Welt, und damit war gemeint, dass sie mit ihrem Mund und mit ihrem Leben die Frohe Botschaft bezeugen sollten, nicht via elektronische Medien. Auch der Apostel Paulus konnte, bevor er den Staffelstab an Timotheus weiterreichte, sagen: „Du aber hast genau erkannt meine Lehre, mein Betragen, meinen Vorsatz, meinen Glauben, meine Langmut, meine Liebe, mein Ausharren, meine Verfolgungen, meine Leiden: was für Leiden mir widerfahren sind …; was für Verfolgungen ich ertrug …" (2Tim 3,10.11).

Echtes Christsein ist nur möglich, wo wir als Personen wahrnehmbar sind, wo man nicht nur WhatsApp-Beiträge von uns empfängt, sondern wo man sehen kann, wie wir dem Herrn mit unserem Leben und unseren Gaben dienen; wie wir anpacken und für unsere Mitmenschen da sind; wie wir mit echten Nöten, Schwachheiten und Versuchungen umgehen und vieles mehr.

Auch Gemeinschaft mit unserem Herrn können wir nur in der *echten* Welt erleben, nicht in der digitalen Bildschirmwelt. Sind wir noch fähig zu einer „Stillen Zeit", zum konzentrierten Lesen und Nachdenken über Gottes Wort, zum vertrauten Umgang mit unserem Herrn, zurückgezogen in unserer „Kammer", wo kein blinkender Bildschirm und kein Hinweiston auf die nächste eingegangene WhatsApp-Nachricht uns ablenken? Kämpfen wir um diese wertvollen Zeiten in unserem Leben und lassen wir nicht zu, dass sie Schritt für Schritt durch die ständige Berieselung mit belanglosen Medieninhalten verdrängt werden! Und leiten wir die junge Generation, vor allem unsere eigenen Kinder, sorgfältig darin an! Zeigen wir ihnen, was wirklich Wert hat und bedeutsam ist für die Ewigkeit. Und lehren wir sie, die modernen Medien mit einer kritischen Distanz zu sehen, sie wohl als Arbeitsgeräte zu gebrauchen, ohne ihnen aber zu viel Einfluss auf unser Denken und unsere Freizeitgestaltung zu erlauben.

2. Das wichtigste Prinzip: Als Familie gemeinsam!

Der Inhalt dieses Buches macht deutlich: Der Umgang mit dem Internet und seinen vielfältigen Möglichkeiten und Gefahren erfordert *informierte Eltern*. Wir dürfen die Entscheidungen, wann und in welchem Umfang welche Möglichkeiten des Internets durch unsere Kinder genutzt werden, nicht anderen, nicht der Schule oder den Freunden unserer Kinder, und selbstverständlich auch nicht ihnen selbst überlassen.

Es gibt gute Quellen für sachliche Informationen im Internet, wie zum Beispiel von den bürgerorientierten Seiten des zuvor erwähnten Bundesamts für Sicherheit in der Informationstechnik (BSI). Daneben empfehle ich, dass Eltern entsprechende Aufklärungsveranstaltungen von Schulen oder den Behörden nutzen, um sich über die Gefahren zu informieren. In der Regel bieten Volkshochschulen und ähnliche Einrichtungen Computer- und Internetkurse an.

Natürlich sind das zunächst einmal Informationen und Wertungen aus der Sicht von Nichtchristen; darüber hinaus müssen christliche Eltern diese Informationen aus biblischer Sicht bewerten. Neben Quellen wie diesem Buch ist es bestimmt hilfreich, in der eigenen Gemeinde einen Austausch unter Eltern in ähnlicher Situation zu suchen oder sich an Fachleute aus dem IT-Bereich zu wenden – falls man solche im engeren oder weiteren Freundeskreis kennt –, die selbst Christen sind, um in der einen oder anderen Frage fachkundige Auskunft zu erhalten.

Die Ernsthaftigkeit, mit der wir uns darüber informieren, wird unseren Kindern zeigen, dass wir uns aktiv um die richtige Haltung und den Umgang damit bemühen. Dabei dürfen wir durchaus unsere Kinder an unseren Fragen und Entscheidungsprozessen – je nach Alter und Reife – teilhaben lassen. Auch wenn wir über unsere eigenen Versuchungen und Herausforderungen im Umgang mit dem Computer und dem Internet mit ihnen sprechen, wird das unsere Handlungsweisen umso glaubwürdiger machen.

Gewiss gibt es reife, standfeste Christen, welche den verantwortlichen Umgang mit den digitalen Medien beherrschen. Sie sind es gewohnt, vor dem Angesicht Gottes zu leben und auch in Versuchungssituationen, wo sie von Menschen unbeobachtet sind, geistlich zu reagieren: „Wie sollte ich diese große Bosheit tun und gegen Gott sündigen?" (vgl. 1Mo 39,9). Ich kenne persönlich manche Christen, die schon in jungen Jahren in dieser Hinsicht Vorbilder sind, so wie uns ja auch die Bibel mit Joseph oder Daniel und seinen drei Freunden Beispiele junger Menschen zeigt, die fest standen.

Trotzdem warnt uns Gottes Wort vor einer falschen Selbstsicherheit: „Daher, wer zu stehen meint, sehe zu, dass er nicht falle" (1Kor 10,12). Es ist ein gutes Prinzip, sich nicht unnötig Versuchungen auszusetzen, sondern in Situationen, die gefährlich werden könnten, unter den Augen vertrauter Menschen zu bleiben. Ganz besonders wichtig ist dieser Grundsatz für Kinder und Jugendliche, die noch nicht gefestigt sind und deren geistliches Unterscheidungsvermögen noch wachsen muss. Doch die Gefahren des unbeobachteten Internetkonsums sind bei Weitem nicht ein reines Jugendproblem. Es gibt erschreckende Statistiken darüber, wie viele erwachsene Männer aus bibeltreuen christlichen Gemeinschaften beispielsweise in die Pornographiefalle getappt sind und ein ernsthaftes Problem damit haben. Und da die Welt für jeden etwas bietet, sind auch Hausfrauen nicht ausgenommen: Die christliche Mutter, die sich morgens früh, wenn Mann und Kinder aus dem Haus sind, stundenlang ihrem „Konsumrausch" beim Online-Shopping hingibt, ist inzwischen auch kein Einzelfall mehr.

Der wirksamste Schutz gerade innerhalb einer christlichen Familie ist daher das Prinzip, dass PC und Handy keine Privatgeräte, sondern Familiengeräte sein sollten und dass die Beschäftigung damit, wenn irgend möglich, vor den Augen anderer Familienmitglieder stattfinden sollte. Berufliche Angelegenheiten, die dem Datenschutz oder der Vertraulichkeit unterliegen, sind hiervon natürlich ausgenommen.

Eine große Gefahr, die von Smartphones und sozialen Netzwerken ausgeht, ist die Tatsache, dass unsere Jugendlichen für einen großen Teil ihrer Zeit in eine Parallelwelt abtauchen. Es ist eine Welt, zu der Erwachsene keinen Zutritt haben; eine Welt, in der nicht nur eine ganz eigene Sprache gesprochen wird, sondern wo auch eigene Regeln und Werte gelten. Diese Werte werden normalerweise nicht an biblischen Maßstäben gemessen und es gibt keine Eltern, keine Lehrer oder Jugendleiter, die ein Auge darauf haben und bei Bedarf korrigierend eingreifen können. Nicht selten wird in dieser Welt gemobbt, gelästert, leichtfertig geflirtet oder bestenfalls nur „gechillt" (rumgehangen) und stundenlang Belangloses ausgetauscht. In dieser Welt wird das Denken und Urteilen vieler junger Menschen geprägt, in der Regel aber nicht nach biblischen Kriterien. Weisheit, Heiligkeit, Reinheit, Unterordnung unter Autoritäten, Demut, Keuschheit und viele andere biblische Werte werden in dieser Parallelwelt nicht gelernt.

Genau das ist aber Gottes Plan für unseren Tagesablauf: Es soll Kommunikation innerhalb der Familie stattfinden, und diese Kommunikation soll dazu dienen, biblisches Denken und Handeln zu trainieren. „Und diese Worte, die ich dir heute gebiete, sollen auf deinem Herzen sein. Und du sollst sie deinen Kindern einschärfen und davon reden, wenn du in deinem Hause sitzt und wenn du auf dem Wege gehst und wenn du dich niederlegst und wenn du aufstehst" (5Mose 6,6.7). An die Stelle dieser Kommunikation ist heute bei vielen Jugendlichen, auch aus christlichen Familien, das Smartphone getreten. Es ist allgegenwärtig vom Aufstehen bis zum Niederlegen, wenn sie im Haus sitzen und wenn sie auf dem Weg gehen. Merken wir, was unseren Kindern und jungen Leuten geraubt werden soll – selbst dann, wenn ihre Kommunikation die meiste Zeit nur belanglos ist?

Und noch eine zweite wichtige Sache wird mehr und mehr zurückgedrängt: „Betet unablässig!" (1Thess 5,17). „Geh in deine Kammer, und wenn du deine Tür geschlossen hast, bete zu deinem Vater…" (Mt 6,6). Die Zurückgezogenheit im eigenen Zimmer, die Wartezeiten an der Haltestelle oder beim Arzt, die tägliche Bus- oder Zugfahrt – das alles waren früher schöne Gelegenheiten zum stillen Gebet. Heute nutzt man diese Augenblicke lieber, um so oft wie möglich in die Parallelwelt einzutauchen. Wenn die Tür der eigenen Kammer geschlossen ist, gilt der erste Gedanke nicht meinem Draht „nach oben" zu meinem himmlischen Vater, sondern dem Draht zu meiner WhatsApp-Gruppe. Was für ein armseliger Tausch! Es ist so, als wollte ich die Sonne gegen ein immerwährendes buntes Feuerwerk eintauschen. Das Feuerwerk gibt mir Sekunde für Sekunde neue Reize, immer etwas Neues, was kurzzeitig interessant aussieht, was aber meine Seele leer lässt. Die Sonne dagegen gibt mir Licht und Wärme, und ohne sie könnte ich überhaupt nicht leben. Gerade Kinder und Jugendliche lassen sich von einem Feuerwerk besonders leicht faszinieren. Daher ist es unsere Aufgabe als Eltern, ihnen beizubringen, wie unvergleichlich wichtiger und wertvoller der Kontakt zu unserer großen Lebenssonne, zu unserem himmlischen Vater, ist.

3. Zusammenfassung und Ausblick: Der geistliche Kampf

Die ausgesprochenen Handlungsempfehlungen sollten in passender altersgemäßer Abstufung angewandt werden. Folgende grobe Einordnung ist dabei nur als Anhaltspunkt zu verstehen; sie kann und muss natürlich von den Eltern an die jeweilige Situation und die Reife bzw. das Verhalten der Kinder angepasst werden:

- In der Zeit vom Kleinkind bis einschließlich Vorschul- bzw. Kindergartenalter besteht kein Grund, dass das Kind (selbst) im Internet unterwegs ist. Allerdings könnten die Eltern durchaus ganz gezielt Lernspiele, altersgerechte Dokumentationen oder kreative Lernwerkzeuge heraussuchen, die z.B. auf einem Computer oder Tablet zusammen mit dem Kind angeschaut bzw. bearbeitet werden. Das erfordert grundsätzlich keinen Online-Zugang bzw. Internetverbindung. In Chat-Foren oder sozialen Netzwerken wie Facebook u.Ä. haben Kinder in diesem Alter nichts verloren.
- Mit dem Beginn der Schulzeit sollte eine vorsichtige Heranführung an das Medium Internet beginnen. Hier sind unbedingt die vorgeschlagenen Handlungsempfehlungen zu beachten. In den Grundschuljahren ist vermutlich die Notwendigkeit, das Internet zu Schularbeiten zu benutzen, auf wenige Anlässe beschränkt. Diese sollten dann unter Elternbegleitung stattfinden.
- Nach Verlassen der Grundschule und in der Altersstufe von 11 bis 17 Jahren empfiehlt es sich, den Kindern beim Übergang zum Erwachsenwerden nach und nach – je nach Verständnis, Offenheit und Reifegrad – Möglichkeiten für eigenverantwortlichen Umgang mit dem

Internet und den entsprechenden Werkzeugen einzuräumen. Gruppendruck der Gleichaltrigen ist kein Maßstab. Dabei gilt es nach wie vor, auf alle technischen Sicherheiten zu achten und bei Anzeichen von Überforderung oder übermäßiger Nutzung sofort zu reagieren und mit dem Kind bzw. Heranwachsenden die Gefahren und Grenzen zu besprechen.

Ich möchte schließen, indem ich noch einmal einige wichtige Thesen dieses Büchleins zusammenfasse:

- Computer und Handy dürfen in unserem Denken nicht mehr sein als nützliche Werkzeuge.
- Wir müssen unseren Kindern erklären, warum es wichtig ist, Gruppendruck zu widerstehen, und aufzeigen, woher letztendlich das große Interesse kommt, das Smartphone als Statussymbol zu betrachten.
- Genau wie bei anderen Werkzeugen müssen wir über die Gefahren der digitalen Medien Bescheid wissen.
- Werkzeuge gehören an einen sicheren Aufbewahrungsort und werden nur zielgerichtet, also zur Bewältigung konkreter Aufgaben, herausgeholt bzw. eingeschaltet.
- Um die sinnvolle und verantwortungsvolle Verwendung der Werkzeuge zu erlernen, müssen Kinder, auch im jugendlichen Alter, von ihren Eltern angeleitet werden. Eine christliche Familie sollte sich gemeinsam das Ziel setzen, dass alle Familienmitglieder medienkompetent werden.
- Digitale Medien gehören nicht unbeaufsichtigt in Kinderhand, weil Kinder von ihrer Entwicklung her nicht weit genug sind, um der Fas-

zination der Medien zu widerstehen und Gutes von Schädlichem zu unterscheiden.
- Das Bewegen in einer unbeaufsichtigten Parallelwelt, wie es z. B. durch Smartphones und soziale Netzwerke ermöglicht wird, sollten wir unseren Kindern, auch im Jugendalter, nicht erlauben. Vielmehr sollten wir so viel wie möglich die Kommunikation über biblische Maßstäbe innerhalb der Familie pflegen.

Mir ist bewusst, dass die Umsetzung dieser Leitlinien manchen Kampf bedeuten kann. Lasst uns darauf achten und dafür beten, dass wir diesen Kampf nicht innerhalb der Familien *gegeneinander* führen (Kinder gegen Eltern) – darüber würde der Feind triumphieren –, sondern dass wir vielmehr *miteinander* kämpfen: gegen den übermächtig scheinenden Zeitgeist; gegen allen Gruppendruck und alle Verführung; gegen den Versuch des Teufels, Keile in die Familien zu treiben, die Jungen von den Alten zu trennen und sie stattdessen in eine Parallelwelt abzuziehen. Familien sind eine Erfindung Gottes, ausgedacht als ein Segensbereich, wo Kinder beschützt heranwachsen und für ihr weiteres Leben angeleitet und geprägt werden. Soziale Netzwerke dagegen sind die Erfindung mächtiger Konzerne, denen es vor allem darum geht, möglichst viele Daten der Menschen zu sammeln, für ihre Zwecke zu verwerten und viel Geld damit zu verdienen.

Und hinter allen sichtbaren Mächten dieser Welt steht an oberster Stelle eine unsichtbare Macht, die vor allem das Ziel hat, uns andere Ziele schmackhaft zu machen, als unserem Herrn Jesus Christus nachzufolgen und Gott durch unser Leben zu ehren. Diese böse Macht ist es letztlich, der wir entschlossen im Glauben widerstehen müssen.

Das Internet und der Umgang damit gehören wie andere Bereiche (Schule, Ehe, Familie) zu dem Bereich, in dem der geistliche Kampf gemäß Epheser 6 stattfindet. Die Maßstäbe der Welt, der Druck der Gleichaltrigen, die nach ganz anderen Werten erzogen beziehungsweise denen viele „Freiheiten" eingeräumt werden, sind für uns nicht relevant; es gilt, dem mit positiver christlicher Erziehungsarbeit entgegenzuwirken.

Wir müssen uns und unsere Kinder auf die positiven Werkzeuge hinweisen, die uns für diesen Kampf ausrüsten: die Kraft des Herrn und die ganze Waffenrüstung Gottes. Und es ist das regelmäßige und ernsthafte Gebet als Eltern und als Gemeinde für unsere Kinder, dass sie in diesem Kampf bewahrt bleiben und zu Männern und Frauen Gottes heranwachsen.

Möge unser himmlischer Vater uns und unseren Kindern dabei helfen!